U0806552

中国上市银行公司治理研究

孔春丽　著

中国经济出版社
CHINA ECONOMIC PUBLISHING HOUSE
·北京·

图书在版编目（CIP）数据

中国上市银行公司治理研究／孔春丽著．—北京：
中国经济出版社，2017.7（2024.1重印）
ISBN 978－7－5136－4515－7

Ⅰ.①中…　Ⅱ.①孔…　Ⅲ.①商业银行－上市公司－
企业管理－研究－中国　Ⅳ.①F832.33

中国版本图书馆CIP数据核字（2016）第300557号

责任编辑　赵静宜
责任审读　贺　静
责任印制　巢新强
封面设计　任燕飞

出版发行　中国经济出版社
印 刷 者　大连图腾彩色印刷有限公司
经 销 者　各地新华书店
开　　本　710mm×1000mm　1/16
印　　张　12.25
字　　数　176千字
版　　次　2017年7月第1版
印　　次　2024年1月第2次
定　　价　62.00元
广告经营许可证　京西工商广字第8179号

中国经济出版社 **网址** www.economyph.com **社址** 北京市东城区安定门外大街58号 **邮编** 100011
本版图书如存在印装质量问题，请与本社销售中心联系调换（联系电话：010-57512564）

目 录

第一章 绪 论

1.1 国有企业公司治理研究背景分析

1.1.1 行政型治理是国有企业公司治理的主要特征

我国国有企业的公司治理模式，不同于英美模式、德日模式和东南亚家族模式，也与东欧、苏联的转轨模式存在着很大的差异。由于政治制度和经济体制的特殊性，国有企业的公司治理模式不可能沿用西方企业的路径，需要立足于本国的现实国情开辟出一条独具特色的治理模式或治理方向。目前，国有企业公司治理的最显著的特色之一就是行政型治理，即政府参与在公司治理中发挥着举足轻重的作用。

2010 年，南开大学公司治理研究中心李维安教授针对国有企业公司治理的独特性提出了“双重公司治理”理论，认为国有企业公司治理是行政型治理和经济型治理的复合，具有政治性和市场性的双重特征。

行政型治理是自上而下的行政干预式治理，主要特征是资源配置的行政化、公司高层管理人员任免的行政化和公司经营目标的行政化。经济型治理是指依赖于市场经济的规律通过完善的公司治理结构和成熟的公司治理机制来改进公司的经营机制。

基于双重公司治理的思想或维度，李维安教授认为中国现阶段的公司治理模式分为高行政—高经济、高行政—低经济、低行政—低经济和低行政—高经济四种公司治理模式。其中：低行政—低经济治理模式是内部人控制模式，高行政—低经济模式是计划经济模式，高行政—高经济模式是相机治理模式，而低行政—高经济模式是市场经济下的最优模式，是我国公司治理改革的方向。李维安教授构建了政治联系指数（PC）来测度上市公司治理层的政治关联程度，包括实际控制人的政治联系、董事长的政治联系、CEO 的政治联系和监事会主席的政治联系四个维度。政治联系指数是这四个维度的加权平均值，权重系数根据具体的双重治理环境的特质而定。

人民大学杨瑞龙教授（1997）指出，国有企业的公司治理是建立在“多层委托—代理”之上，是一种“变形的委托—代理”。西安交通大学冯根福教授（2004）认为国有企业的委托—代理是“双重委托—代理”，产生“双重代理成本”。公司治理的理论与实践在我国经济领域中的出现已近二十年，在理论研究上声势浩大，在企业实践中如火如荼。但是，作为占据我国经济半壁江山的国有企业，公司治理真的在发挥作用吗?其实，这是一个令人非常难以捉摸的问题。

由于产权虚置和产权错位，国有企业公司治理的有效性一直在争论之中。尽管相关的研究成果数以万计，但是，真正面对这一现实问题的研究寥若晨星。即使没有公司治理，在知识经济的驱动下，不存在战乱、天灾、瘟疫，国有企业的绩效依旧会或快或慢地改进。如若将这些改进归属于或强加于公司治理的业绩，也无可挑剔。现有的理论研究大多在仿照西方公司治理框架的分析模式，现有的实证研究大多都是在假定公司治理有效的前提下实施的，至于公司治理在国有企业中究竟是否产生实际性的作用，还是没有给予确切的回答。

2001 年，《中国上市公司治理准则》的颁布，标志着公司治理在我国经济领域受到高度而广泛的重视。21 世纪初，我国企业相继引入和实施了公司治理，但是，二十年过去了，我国企业的公司治理虽然取得了一定的进展，却远未达到预期的目标。一般而言，由于民营企业产权较为清晰，公司治理起到了一定的作用。同时，由于国有企业产权虚置和产权错位，公司治理的效应较弱。

国务院国资委监事会主席刘东生（2008）认为：“国有企业治理结构在形式上和实质上都不健全，没有形成有效的治理控制机制，导致国有企业控制权容易掌握在高层手中，形成较为严重的‘内部人控制’问题。”

张维迎教授（2014）认为："总之，无论从理论上讲还是从实践来看，国有企业不可能建立真正有效的公司治理结构。在马背上画道道并不能把马变成斑马。"①

李维安教授在公司治理研究中倾注了大量的心血，闻名遐迩，但在2012年"南开治理评价报告"中指出"中国上市公司治理有效性偏低仍是突出问题"，在2013年报告中指出，"中国公司治理存在着'形似而神不似'的尴尬……可能演变为'烂尾楼'工程"。②

2015年4月23日，在财新传媒交流会上，著名经济学家青木昌彦在他去世前不到三个月时曾强调："公司治理的专业化是应付中国经济新常态挑战的首要问题……但国有经济的公司治理水平仍旧太低。"③

公司治理的尴尬导致许多畸形的治理行为，贻笑大方。监事会被称为"稻草人监事"、独立董事被称为"花瓶董事"、董事长和总经理被称为"同林鸟""连根树"。近期，"天价董事"的报道又令人耳目一新。④

就媒体公布的数据来看，央企中"天价独董"的"高官""高薪""高龄"是外界关注的焦点，引起社会关注的不仅是他们的年龄，更是他们的高薪和显赫的身份。

1.1.2 外部治理在国有企业公司治理中处于功能缺失状态

一般意义上的公司治理，是指内部公司治理，即以董事会、监事会、经理层权力制衡为目标的公司治理。但是，在广义的西方公司治理理论中，公司治理分为内部公司治理和外部公司治理两个方向。内部公司治理，就是常规意义上的公司治理；外部公司治理，就是考虑市场约束、行政调解、社会监督功能的公司治理。其中，市场治理是外部治理的主要因素，一般包括职业经理人市场治理、产品市场治理、资本市场治理、控制权市场治理四种基本形式。外部市场治理与内部公司治理之间存在

---

① 2014年3月3日答中国经济新闻联播记者问。

② 出自2013年《南开治理评价报告》。

③ 出自2015年7月17日财经新闻网。

④ 出自2015年8月12日财经新闻网。

着相互支持、相互补充、相互配合的作用，共同促进董事会、监事会、经理层权力制衡机制的优化。

2001 年，经济学家 Denis 认为公司治理机制可以分为外部治理机制和内部治理机制两个方面，并认为内部治理的实施是通过董事会、监事会、经理层等治理要素的功能发挥来降低治理成本的治理行为，而外部治理机制的实施是指通过外部市场的约束作用，如职业经理人市场和产品市场，法律约束、社会机构的监督以及政府部门的管制来降低治理成本的行为。

玛丽斯—曼妮假设（Marris Manne Hypothesis）是经典的外部治理理论，其认为，如果存在外部的公司控制权交易市场，那么，即使公司的内部治理没有发挥应有的作用，公司的管理层也不会过分地滥用职权，也会实现自我行为约束，因为，外部的控制权交易市场可以对不称职的经理人员时刻给予替代威胁。

我国经济学家吴敬琏认为，外部治理机制一般分为市场主导型机制、行政监督型机制和社会辅助型机制。市场主导型机制就是所谓的市场治理机制，是指企业资本利润率超过社会平均利润率之上时的剩余权的机制，就是产品市场、资本市场和劳动力市场通过市场竞争的优胜劣汰机制激励和约束企业及其经营者。行政监督型机制是指政府的经济管制机制，即政府以规则的制定者和“裁判员”的双重身份对公司运行实施影响。社会辅助型机制是指社会中的独立审计评价机构，如会计师事务所、审计师事务所、律师事务所等，对公司所进行的评价形成的约束机制。

外部市场治理一直被西方研究者所重视。经济学家 Robin Mantis（1964）和法学家 Henry Manne（1965）曾认为，公众公司不会从利润最大化的目标上偏离太远，因为市场的力量将阻止经理人以使用公共资源的方式偏离股东的利益。Hart（1983）认为，竞争性产品作为一种“硬预算约束”和激励机制直接检验公司的竞争力，并淘汰投资失败的劣质公司，给经理人造成极大的压力。Fama（1980），Shleifer 和 Vishny（1997）分别从资本市场和产品市场出发，认为市场的竞争性可以降低代理成本，使股东利益与经理人利益趋同；Hou 和 Robinson（2006）发现竞争性行业的公司行为更规范，可以获取更高的收益；Karuna（2007）发现竞争性行业对经理人的监督力度较大，具有更好的公司治理结构；Guadalupe 和 Prez - Gonzlez（2010）通过对 19 个国家上市公司数据的研究发现，市场竞争可以通过改善公司的信息质量和强化破产威胁来降低经理人寻租行为；Guadalupe M.（2010）发现，当国内行业面临国际竞争压力时，经理人和控股人将更少地利用手中的控制权来谋取私人利益。Giroud 和 Mueller（2010）发现，在通过公司并购法后，由于接管威胁的上升，经理层治理效率明显提高。Kim EH，Lu Y.（2011）认为，激烈的市场竞争可以降低管理层持股增加所带来的防御效应，产品市场竞争与公司治理之间具有显著的替代效应。Giroud（2011）认为，产品市场的激烈竞争可以提供更多的管理层信息，给管理层带来极大的外在压力，使管理层更勤勉地工作。

而在国有企业，外部市场治理的作用并不明显。经济学家张维迎（2014）认为，在我国，随着国有企业改革的深入，行政指派式的企业领导人生成机制将逐渐淡出，但职业经理人市场尚未形成，在个人信用普遍受到怀疑的今天，与其冒险启用一个新人，还不如留用旧人更让人放心，尽管他的业绩并不突出，其结果就是，在任的经理不会受到潜在的替代威胁，无法形成有效的“代理权”之争，对经理人员的“败德”行为难以实施有效的约束，最终导致代理权竞争的外部治理失效。①

1.2 中国上市银行公司治理研究背景分析

1.2.1 上市银行公司治理的成功是我国金融稳定的基础

在我国，上市银行均以国有或国有控股为主，上市银行的治理具有国有企业公司治理的性质。自 1991 年深圳发展银行上市以来，目前我国上市银行已经达到 16 家，如表 1 - 1 所示。

---

① 2014 年 3 月 3 日答中国经济新闻联播记者问。

表1-1 中国A股市场上市银行概况（按上市时间排序）

代码	名称	类别	上市时间
000001	深圳发展银行	全国性股份制商业银行	1991
600000	上海浦东发展银行	全国性股份制商业银行	1999
600016	中国民生银行	全国性股份制商业银行	2000
600036	招商银行	全国性股份制商业银行	2002
600015	华夏银行	全国性股份制商业银行	2003
601988	中国工商银行	国有大型商业银行	2006
601398	中国银行	国有大型商业银行	2006
601998	中信银行	全国性股份制商业银行	2007
601166	兴业银行	全国性股份制商业银行	2007
601939	中国建设银行	国有大型商业银行	2007
601328	交通银行	国有大型商业银行	2007
601169	北京银行	城市商业银行	2007
601009	南京银行	城市商业银行	2007
002142	宁波银行	城市商业银行	2007
601818	光大银行	全国性股份制商业银行	2010
601288	中国农业银行	国有大型商业银行	2010

金融稳定是经济发展的平台，而银行稳定是金融稳定的核心。美国经济学家弗雷德里克·S. 米什金认为，金融稳定一般源于稳定的金融体制基础、能够有效地提供储蓄向投资转化的机会而不会产生太大动荡的金融体系。金融稳定是一个动态的概念，具有丰富的内涵，反映了金融运行的内在规律，体现了资源配置优化的要求，并可以有效地服务于金融发展的根本目标。同时，金融稳定不是低效率的稳定，而是一种积极状态的稳定，既有稳固的制度基础，又能高效地配置资金。

商业银行是以货币和信用为基础的一种特殊的行业，是一类经营货币的特殊的企业，在一个国家金融体系中具有举足轻重的地位。现代金融学、信息经济学、博弈论的研究表明，相比于其他行业，银行业存在着更高的信息不对称，进而存在着更高的风险性和脆弱性，极易出现运营不稳定的情形，对金融体系的冲击远大于其他金融业。

现有研究表明，金融机构公司治理存在的缺陷和不足是经济动荡和金融危机的一个重要根源。公司治理的有效性，不仅对单个金融机构的稳定运行是重要的，而且对整个金融系统和经济系统的稳定运行更为重要。20 世纪相继出现的亚洲金融危机、俄罗斯金融危机、拉美金融危机都源于金融机构公司治理的薄弱。Anderson（2000）通过对 1977 年至 1996 年的 20 年间日本银行的治理结构进行系统研究之后发现，低效的银行治理结构带来并加重了日本银行业的危机，并导致银行业重组的延迟。Benny Simon（2001）发现东南亚金融危机暴露了印度尼西亚银行业和马来西亚银行业治理的系统性缺陷。可见，商业银行公司治理的评价可作为一个国家或一个区域金融危机预警体系的重要参考因素。

金融机构良好的公司治理不仅有助于当地企业的发展，也是维持金融系统稳健性的平台。Johnson 等（2000）认为公司治理对于中小股东保护的有效性比宏观经济理论更能合理地揭示金融危机。由于银行业在金融体系中占据着主导地位，其公司治理的有效性对于金融系统的稳定存在着重要的影响。在世界范围内，越来越多的国家开始重视银行公司治理的优化在维持和促进金融稳定中的重要作用。从微观层面来看，良好的公司治理是银行业金融风险防范的基础，对信用风险、市场风险、操作风险、流动性风险的防范具有重要的支持作用。从宏观层面看，有效的公司治理是维持社会公众对银行信任的基础，这是银行业及整个经济稳定运行的命脉。如果公司治理存在缺陷，不仅会导致银行破产，也会对存款保险系统带来严重的威胁，并对宏观经济带来巨大的破坏。此外，不健全的公司治理机制可能导致市场对银行处理资产与负债的能力失去信心，进而触发银行挤兑危机或流动性危机。

所有权和经营权的分离是现代公司一个基本特征。1933 年，美国著名经济学家伯利（Berle）和米恩斯（Means）通过对美国东西部地区二百余家大型企业所有权和经营权状况的调查，在《现代公司和财产》一书中提出了现代企业已发生所有权与经营权相分离的结论。后来，德姆塞茨高度评价了伯利（Berle）和米恩斯（Means）的贡献，认为尽管在半个世纪前就提出了所有权与经营权相分离的观点，但是直到现在，这一问题仍旧是经济理论与企业管理的核心问题。伯利（Berle）和米恩斯（Means）认为，所有权和经营权的分离有可能导致所有者的利益和经营者的利益发生冲突，公司股票的持有者正失去对自己财富与资源的控制权，股东在行使监督管理者权利时会遇到很多障碍，经营者对企业将存在着更大的支配权，且随着所有权的日益分散，这种冲突将越来越有利于经营方。伯利（Berle）和米恩斯（Means）强调，所有者和经营者的冲突意味着私人财产的社会功能将受到严重削弱，经营者存在着追求自身利益最大化的动机，使公司运营偏离了利润最大化的方向。

1.2.2 新巴塞尔资本协议是我国上市银行公司治理的指导方向

在市场经济国家，银行公司治理的实施和优化以巴塞尔资本协议为准则和指南，尽管中国并非完全意义上的市场经济，但巴塞尔资本协议对中国银行业公司治理的引入和完善仍具有重要的参考价值。

新巴塞尔资本协议是指导银行业发展的纲领，不仅倡导全面风险管理的理念和先进的资本计量方法，更蕴含着一些深层次的公司治理思想，包括银行发展战略与资本配置的匹配、激励政策对公司长远利益追求的引导、信息披露对公司透明度的提升。在已经发布的若干专题性文件中，巴塞尔委员会一直强调公司治理对银行发展的重要性，如1997年9月发布的《利率风险管理原则》、1998年9月发布的《银行机构的内部控制制度框架》、1998年9月发布的《增强银行透明度》和1999年7月发布的《信用风险管理原则》。1999年9月，巴塞尔委员会专门针对公司治理发布了《健全银行的公司治理》，着重提出了经济合作组织（OECD）的公司治理原则对银行业发展的作用，并分别于2006年2月和2010年10月进行了修订，充分体现了巴塞尔委员会对银行公司治理的高度重视。

巴塞尔委员会认为，董事会对银行经营和财务稳健负有最终的责任，应根据风险和环境来制定发展战略规划。因此，新巴塞尔资本协议体现了董事会在战略规划制定中的核心作用，明确提出“董事会应制订包括资本计划在内的战略计划，并把资本计划作为实现战略目标的关键要素”，并提出，“董事会应采取并支持有力的内部控制措施，制定相关的政策和程序，确保管理层将这些内部控制方法和规定在整个银行体系中有效地传达”。

在股东大会、董事会和经理层之间权责制衡原则上，巴塞尔委员会不仅强调，股东大会、董事会和高级管理层之间的权责利关系是现代商业银行治理的基本结构，也在《加强公司治理的原则》中指出了银行公司治理中存在的问题，包括董事会对高级管理层监管不力、风险管理不充分、银行组织机构庞杂、银行活动不透明等，为此，新巴塞尔资本协议明确提出，董事会和董事会专门委员会应做到批准所有风险评级和估值过程的重要内容，规定银行高级管理层向董事会或董事会指定的委员会提供关于重大风险变化的报告，强调银行内审或相关独立部门定期检查银行评级体系及其运作状况，以及信用风险的违约概率和违约损失率是否达到最低监管要求。

同时，新巴塞尔资本协议还大力倡导了银行社会责任的行使。传统企业理论认为，企业目标是股东利益最大化，治理结构是“资本雇用劳动”型的单边治理结构，股东拥有企业的全部剩余索取权和控制权。随着现代社会的发展，“股东至上”的观点日渐受到挑战，利益相关者理论越来越引起关注。

1.2.3　我国上市银行公司治理目前处于进退维谷的境地

上市银行是我国银行体系的主体，也是我国金融稳定的基础。21 世纪以来，我国上市银行相继实施了公司治理制度，以提高银行运营的稳定性和效率。但是，由于我国存在着特殊的政治制度和经济体制，导致产权虚置和产权错位，致使公司治理的效果不尽如人意，远没有达到预期的目标。

中国银监会副主席唐双宁（2004）认为："学习国外股份制商业银行的形式很容易，'三会'制度可以一夜之间建立起来，但既要'形似'，又要'神似'则不容易。"①

2011年7月2日，在山东大学和《经济研究》杂志举办的"第二届银行治理研讨会"上，与会专家一致认为，我国商业银行目前的治理效率较低，应该充分发挥外部环境对内部治理机制的作用。中央财经大学罗凯教授（2011）认为，市场结构和所有权结构不合理依然是造成目前我国银行业治理效率低下的主要根源。②

我国商业银行带有浓重的行政化特征，制约了公司治理的深化。人民银行副行长吴晓灵（2011）认为："许多银行行长其实是政府官员，讲的是'政治'、干的是'政事'、追求的是'政绩'，骨子里还流着政府的血液，带有浓厚的机关色彩。如果不把这种根深蒂固的机关意识、机关文化、机关政治、机关作风抛弃掉，'洗心革面''重新做人'就不可能成为职业经理人。"③

长期以来，大型商业银行中高层管理人员来源渠道单一，行政化色彩较浓，干部职务"终身制""铁交椅""能上不能下"的现象普遍存在，干部队伍的整体活力和创造力不足（牛锡明，2015）。通过建立职业经理人队伍，形成管理人员优胜劣汰、优上劣下的长效机制，有利于解决干部管理体制僵化问题，保持管理人员队伍的生机与活力（周小川，2015）。

中国工商银行行长姜建清（2010）认为：我国商业银行经理层和员工的收入水平基本上是稳定的，差距不大，奖罚不明，基本不考虑岗位价值对个人绩效的影响；从管理层来看，与业绩的匹配程度不明显，缺乏有效激励；由于管理层无须承担银行的经营风险，同时也不能分享更多创造的经营成果，其经营管理的目标主要是"行政性"的，"市场化"

① 出自2004年第二届国际金融论坛年会。
② 出自2011年7月2日的第二届银行治理研讨会。
③ 出自2011年7月9日在人民银行会议讲话。

程度不高，这样就很难激发其通过努力工作创造经济效益的积极性。①

可见，尽管我国上市银行公司治理已经历了十余年的历程，投入了大量的心血，但在现有的制度和体系下，由于受到诸多因素的阻碍，尤其是政治体制改革的滞后性，致使公司治理的进展并不顺利。因此，在新的时期，如何提高上市银行公司治理的效率、校正上市银行公司治理的方向、去除上市银行公司治理的弊端，是我国上市银行所面对的一个艰巨的任务。否则，庞大的公司治理基业可能会演变为李维安教授担忧的“烂尾楼”。

1.3　研究问题的提出

现代银行业的竞争是核心竞争力的竞争，而商业银行公司治理的目的就是核心竞争力的培育。传统的财务绩效仅是对银行过去业绩的反映，而无法反映银行的长远发展趋势。总体而言，我国上市银行内部治理的效果并不显著，外部市场治理的功能也不明显，同时，在公司治理过程中，一直受到政府的强力干预，或者受到政府因素的影响，这些都是我国上市银行公司治理的现实特征。因此，如何在现有的治理平台上或现有的治理环境下，提高我国上市银行的治理效率，进而提高我国上市银行的核心竞争力，是我国上市银行的一项根本性任务。

1999 年 9 月，巴塞尔委员会发布的《加强银行机构的公司治理》，已经使我国金融业意识到，银行治理结构的优化是提高我国商业银行竞争力的再生之路和必由之路。21 世纪以来，公司治理是我国理论界关注的热点问题，倾注了大量研究心血。但是，关于我国上市银行公司治理的研究，关注得不够透彻与全面。银行业是一种独特的行业，与一般企业存在着显著的差异，比如高负债性，资产交易的不透明性以及受到严格管制等，从而使一般性上市公司治理的研究结论无法套用在银行治理机制中。同时，许多现有的公司治理研究是在剔除了金融企业样本之后

① 出自 2010 年 10 月《银行家》杂志采访专题。

进行的，因而其结论与银行业相去甚远。

近年来，上市银行公司治理的研究成为银行研究领域的一个重要方向，包括董事会治理、监事会治理、独立董事治理、经理层治理、信息披露、利益相关者治理、银行社会责任、股权结构、盈余分配等诸多方面。

孙君阳、徐娜（2011），陈燕玲、姜川（2011），敬文举、刘凯旋（2011），王戈阳、宋增基、刘春才（2012）研究了上市银行董事会治理的特征与结构。丁忠明、胡志强（2007），宋增基、杨天赋、王戈阳（2010），张娜、关忠良、郭志光（2011），陈燕玲、姜川（2011），张福海（2011），王戈阳、宋增基、刘春才（2012）研究了上市银行董事会治理对银行绩效和银行竞争力的影响。丁庭选（2011）基于上市银行的样本数据研究了董事会独立性对银行债务融资契约的影响。

兆文军、李元（2012）分析了上市银行信息披露内容，包括环境信息披露、战略信息披露、知识资本信息披露、公司治理信息披露、社会责任信息披露、管理层讨论信息披露以及其他各类预测性的信息披露。倪慧萍（2006），任辉（2007），王志伟（2008），黄秋敏（2008）分析了我国上市银行信息披露过程中存在的问题，以及我国上市银行信息披露与新巴塞尔资本协议所要求的披露标准之间的差距。李伟（2009），唐红娟（2009）分析了上市银行信息披露的法律监管问题，认为内部控制的缺陷对信息披露带来严重的负面影响。新巴塞尔资本协议研究和规划项目组（2010）研究了上市银行信息披露制度的设计和改进问题。张焕南（2011）研究了上市银行信息披露的改进策略。此外，翟光宇、武力超、唐大鹏（2014）研究了董事会秘书持股对信息披露质量的影响。

近年来，随着人本主义思潮的兴起，利益相关者治理是公司治理的一个传统要素，并逐渐成为公司治理研究的又一个热点。这种效应也自然波及到银行领域，使得上市银行利益相关者治理日渐得到各个层面的关注。中国工商银行专项课题组（2013）解析了国际大银行利益相关者治理的经验及启示，为我国上市银行利益相关者治理的开展和深化提供了理论借鉴。

股权结构是公司治理中一个敏感性的问题，不同的股权组合可能导致不同的公司治理业绩。随着银行业改革的深化，上市银行股权结构呈现出复杂的态势，也导致不同的公司治理效应。赵昌文、杨记军、夏秋（2009），刘星、张建斌（2010），何蛟、傅强、潘璐（2010），谭燕芝、许明（2012），潘敏、张依茹（2013）研究了上市银行股权结构对银行运营绩效和银行竞争力的影响，尤其是对第一大股东持股比例的作用。

现有研究主要从内部治理的视角探讨上市银行公司治理的改进之路，很少涉及外部治理的因素，没有涉及政府参与或政府干预对银行公司治理的影响。同时，现有的研究主要关注公司治理对银行财务绩效的影响，未能全方位地考察银行公司治理的效果。

由于受到各种因素的阻碍，我国上市银行的治理效果并不理想，内部治理存在很大的欠缺，外部市场治理的功能又裹足不前，政府干预如影随形，从而决定了我国上市银行公司治理不可能沿用西方上市银行公司治理的路径，而应开辟自己的道路，在现有的环境下最大限度地发挥公司治理的效能。

2006 年 12 月 11 日，随着包括汇丰银行、花旗银行、渣打银行在内的八家跨国银行向我国银监会提交转制申请，标志着我国银行业市场竞争的全面放开，也拉开了我国银行业与外资银行激烈竞争的序幕。这场竞争不仅仅是银行经营能力的竞争，其实质上就是现代银行制度的竞争，而现代银行制度建设与培育的核心就是公司治理机制。

因此，基于政府干预的视角，以核心竞争力培育为导向，如何优化我国上市银行的治理结构，是我国上市银行公司治理研究的一个新的方向。

1.4 研究内容、研究方法和技术路线

1.4.1 研究内容

第一章是绪论，介绍论文研究的背景、研究内容、研究方法、研究目标和意义，并说明了创新点。

第二章是基础理论和相关研究综述，主要阐述了现代企业理论、产权理论、超产权理论、委托—代理理论、利益相关者理论、内部治理和外部治理、英美治理模式和德日治理模式，以及上市银行公司治理研究的进展与不足。

第三章是银行公司治理结构的比较，主要介绍了英美治理模式、德日治理模式、东南亚治理模式、转型经济治理模式的特征。

第四章是中国银行业公司治理的演进与现状分析，主要介绍了国有商业银行和股份制商业银行股份制改革的历程，以及董事会、监事会、经理层、股权结构等典型的公司治理要素的实施现状。

第五章是中国上市银行董事会治理效应研究，通过实证检验，揭示董事会治理的内部机理，发现董事会治理中存在的问题，进而提出上市银行董事会治理的改进策略。

第六章是我国上市银行独立董事治理效应研究，通过实证检验，揭示独立董事治理的内部机理，发现独立董事治理中存在的问题，进而提出上市银行独立董事治理的改进策略。

第七章是我国上市银行监事会治理效应研究，通过实证检验，揭示监事会治理的内部机理，发现监事会治理中存在的问题，进而提出上市银行监事会治理的改进策略。

第八章是我国上市银行经理层治理效应研究，通过实证检验，揭示经理层激励的微观机理，发现经理层激励的不足，进而提出经理层激励的改进策略。

第九章是我国上市银行信息披露治理效应研究，探析了信息披露及时性、有效性和完备性的影响机理，通过实证检验，结合实践调查，提出上市银行信息披露的改进策略。

第十章是我国上市银行社会责任治理效应研究，从经济实体服务、绿色金融推进、社会公益事业三个方向探讨了银行社会责任的实施路径，在实证检验的基础上，提出上市银行社会责任治理的改进策略。

第十一章是政府参与下我国上市银行公司治理的改进，在以上检验的基础上，归纳了我国上市银行公司治理中的障碍性因素，然后分别提出可行的话理与培育策略。

第十二章是研究总结与展望，归纳了主要研究结论，阐述了研究特色与不足，提出了进一步研究的方向。

1.4.2 研究方法

本书的主要研究方法包括以下五种方式：

（1）调查分析法。对我国上市银行公司治理的有效性进行调查，对董事会、监事会、经理层、独立董事、信息披露、利益相关者治理的现状进行调查，以及对上市银行公司治理中内部人控制、政治关联、权力制衡、外部市场治理情况进行调查。

（2）实证研究法。运用计量经济模型对董事会治理效应、监事会治理效应、独立董事治理效应、经理层治理效应、信息披露与利益相关者治理效应进行检验，揭示上市银行公司治理各个方向的优势功能和薄弱环节。

（3）归纳分析法。通过对上市银行董事会治理、监事会治理、经理层治理等各个方向治理效应的检验，根据公司治理的理论与思想，从外部市场治理、内部人控制的抑制、政治型公司治理的弱化、“超产权理论”的适用性等方面提出我国上市银行公司治理的建设方向。

（4）比较分析。在研究中，将我国上市银行公司治理模式与英美治理模式、德日治理模式、东南亚治理模式和转型经济治理模式进行比较分析，吸收各种治理模式的长处，优化我国上市银行的治理机制。

（5）理论与实践相结合的研究法。在上市银行公司治理内外部环境调查及公司治理实践调查的基础上，结合公司治理各个方向的实证检验结果，在微观层面上提出上市银行董事会治理、监事会治理、经理层激励、产权结构优化、外部市场培育等具体治理的改进策略。

1.4.3 技术路线

本书的技术路线如图 1－1 所示。

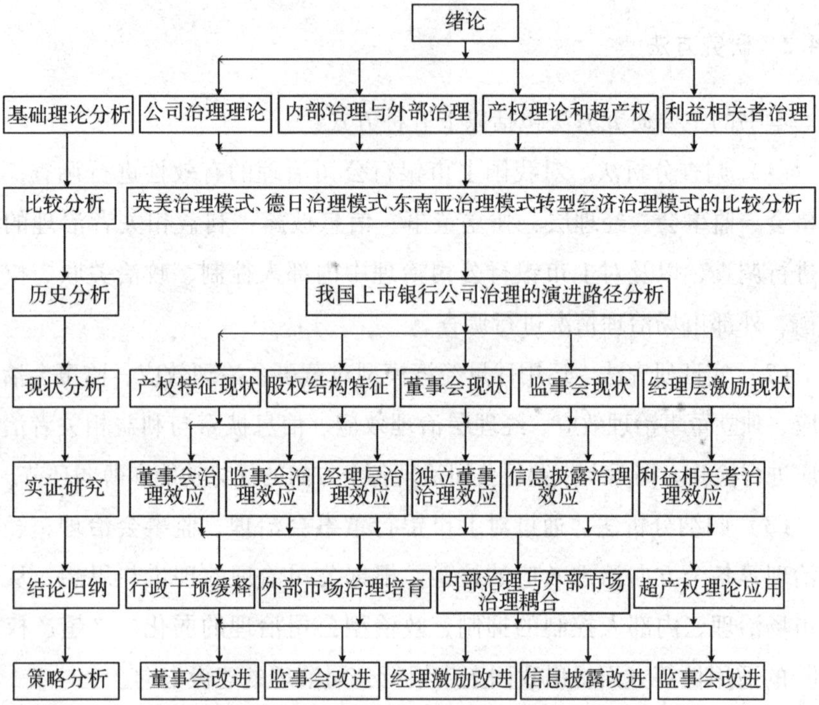

图 1－1 技术路线

1.5 研究目标和研究意义

1.5.1 研究目标

本书主要探讨政府干预下我国上市银行公司治理的优化路径，不仅寻求内部治理的改进方向，也探索外部治理的改进策略，力图在现有的治理环境下最大限度地提高上市银行的核心竞争力。具体研究目标分为以下若干方面：①研究政府干预，包括政治关联和政府任命对上市银行董事会治理、监事会治理、经理层治理和独立董事治理的影响；②研究政府干预，包括政治关联和政府任命对上市银行信息披露和利益相关者治理的影响；③从外部治理的视角，尤其是从外部市场治理的视角提出上市银行公司治理的改进策略；④研究政府干预下常规公司治理要素在公司治理中的作用。

1.5.2 研究意义

从理论上，分析了我国上市银行外部治理机制，尤其是政府参与下上市银行公司治理的特征，以及政府参与对公司治理的影响，通过外部治理来激活内部治理，进而优化董事会、监事会、经理层的权力制衡机制，构建适合于我国现有政治、经济、文化环境下的公司治理理论体系。

从实践上，以政府参与为突破口，探索了上市银行外部治理的改进策略，即在现有的治理平台上，如何充分利用外部因素的治理作用，激活内部治理，促进对权力制衡机制的优化，以逐步提高上市银行的公司治理效率，进而有效地培育上市银行的竞争力。

1.6 主要创新点

本书通过对我国上市银行董事会治理、监事会治理、经理层治理、独立董事治理、信息披露、利益相关者治理功能的检验，并通过对这些检验结果的综合分析，在对上市银行公司治理实践的大量调查与考察的基础上，提出以下创新性观点：

第一，发现政府参与对我国上市银行公司治理存在着双向效应。一方面，政治关联有助于公司治理的改进；另一方面，政治任命不利于公司治理的改进。因此，如何在政府干预的前提下构建我国上市银行新型的公司治理模式，是我国上市银行所面临的一项艰巨任务。

研究发现：政治关联对我国上市银行董事会治理、经理层治理、监事会治理、独立董事治理、信息披露和社会责任履行均存在着程度不等的正向促进效应，而行政任命对上述治理功能均存在着反向的阻碍效应。

第二，发现我国上市银行公司治理中的行政任命严重阻碍了公司治理的改进和完善，因此，高管层的任命应以银行内部推举为主，发挥利益相关者治理的功能，同时尽快启动外部市场，发挥职业经理人市场、产品市场、资金市场、控制权市场以及独立董事市场对高管层的激励和约束作用。

目前，在我国上市银行公司治理中，董事长、监事会主席、行长、独立董事的任命基本上以行政指派为主，缺乏竞聘机制，不符合公司治理的基本要求。同时，职业经理人市场、产品市场、资本市场、控制权市场、独立董事市场均未产生有效的作用，对银行高管人员未能给予有效的激励和约束。可见，外部市场治理是我国上市银行公司治理改进的一个重要方向。

第三，以上市银行的核心竞争力作为治理目标。本书发现董事会、监事会、经理层、独立董事、信息披露和利益相关者治理中一些独特的现象，应作为公司治理改进的方向。董事长和行长的两职合一反而有利于公司治理的完善；监事会人员的规模无助于公司治理的改进；行长的股权激励对公司治理存在着显著的激励效应；独立董事人员在治理功能的发挥上存在着冗余。

第二章　基础理论及相关研究综述与评述

2.1　公司治理相关理论及评述

1932年，Means和Berle明确提出，现代公司的所有权和控制权已经发生了分离，引起理论界对公司所有权和控制权变化的探讨。此后，在现代企业理论、产权理论、委托—代理理论、利益相关者理论的推动下，公司治理理论逐步形成。

2.1.1　现代企业理论

现代企业理论源于Coase于1937年发表的《企业的性质》一文，该文提出了企业是作为对市场交易的替代的论断。Coase认为，企业和市场中的交易行为都是一种契约关系，由于信息不对称的存在，交易的达成和契约的签订都需要耗费一定的成本，只不过企业是一种长期的契约、固定的契约，而市场是一种短期契约。为了节约交易费用，雇主和雇员倾向于签订长期的、固定的契约以代替多个短期契约。可见，作为一种长期契约的形式，企业具有节约交易费用的优势，作为部分市场替代物出现。

契约理论是现代企业理论的核心内容之一，认为企业的根本性质是契约，是一系列契约的联结，是人与人之间的交易关系，涉及多个契约方，广泛存在着信息不对称条件下的委托—代理问题，同时，企业也是不完全契约，不可能在签订时准确地描述出未来交易过程中出现的所有状态和细节，以及缔约各方的权利和责任。因此，契约条款的设计与既有契约的保障与贯彻，引出了对公司治理问题的关注。

企业契约的“不完全性”归结于以下三种原因：①现实社会的复杂性和不可预知性使得人们无法预知未来发生的偶然事件；②即使人们预知到偶然事件，也无法用文字在契约中清晰地表述；③即使缔约各方能够清晰地认识偶然事件并能够在契约中清晰地表述，在双方发生纠纷时，外界权威很难观察到双方真实的状况。退一步说，即使能够观察到双方的状况，也很难加以证实，从而强制执行。因此，作为一种不完全契约，企业仍然被市场所接受。

2.1.2 内部人控制

1995 年，美国斯坦福大学教授青木昌彦和钱颖一提出了内部人控制的概念。他们在研究社会主义国家经济转轨时发现，在从计划经济向市场经济过渡的进程中，由于政府部门丧失了过去在传统体制下对企业高度集中的行政管理权力，却未能同步建立起适应市场经济体制要求的行之有效的国有资产管理体制，造成了“所有者缺位”，致使原有企业的经理和职工等“内部人”很容易运用自己所掌握的信息、经营决策权，不惜侵害作为所有者的国家的权益来谋求个人和小集团的利益最大化。

在两权分离的状态下，企业的内部人即经理人员掌握了企业的经营权，因而获得了部分剩余控制权和剩余索取权，这就是内部人控制。在内部人控制的条件下，如果经理人员运用所掌握的经营权为自己谋取私利、并损害股东或所有者的利益，这就是内部人控制问题。可见，内部人控制是在两权分离的条件下产生的，是现代企业制度演变的必然结果，内部人控制问题是由内部人控制引发的。

费方域教授（1996）早在 20 世纪 90 年代中期指出，国有企业的内部人控制不同于其他过渡经济国家：一是没有试图通过私有化来使事实上的控制权变为合法的控制权，并使掌握剩余控制权的人同时获取剩余索取权；二是政府通过法律明确授予经理人员多项控制权；三是企业经理人员事实上和法律上都得到了许多有效控制权和合法控制权，但并没有获取更多的剩余索取权；四是国有资产管理体系中中央政府统一所有、地方政府分级监管、企业独立经营的模式如何协调控制权的配置和利益分配，成为国有企业进一步改革的难题；五是政府作为最终控制者，保留或授权行使经营权和重大决策权增加了代理成本和经营者的激励问题。

杜兴强（2000）描述了经济转轨中国有企业内部人控制的若干现象：①过分地利用职权大肆消费、吃喝玩乐；②变相股份化，将国有资产转移到自己亲属控制的公司，或者在合资过程中故意低估国有资产的价值，使部分非国有股东获得超额收益；③设置多个账本来应付会计信息需求者的不同需求，偷税漏税；④过分贪功、好高骛远，醉心于企业的短期行为，削弱了企业的长远发展潜能；⑤对职工支付超额报酬，远高于企业劳动生产率的增长水平，侵蚀了企业的利润。

尤建新、王书坚（2003）认为国有企业内部人控制的主要表现是：①过度的在职消费，即扩大"个人支出账户和违法行为"来满足自己的需求；②滋生腐败，在个人私欲的膨胀下贪污受贿；③经营效率低，致使企业人浮于事、消极怠工；④短期行为严重，在任期内热衷于追求短期盈利，忽视企业未来的持续发展；⑤财务信息失真，包括操纵财务、设立多套账目、虚列成本、隐瞒收入、谎报财务状况，甚至化公为私。

张尔升（2006）比较了我国企业与西方国家企业内部人控制之间的差异：①西方企业的投资主体具有明确的人格化代表，剩余索取权和剩余控制权较为明确，而国有企业的剩余索取权和剩余控制权较为模糊，缺乏清晰的人格化代表；②西方企业经理人员产生于职业经理人市场，业务素质相对较高，而国有企业经理人产生渠道较为狭窄，一般由政府委派，或者由董事会聘请，业务素质不高；③西方企业经理层的地位比较突出，而国有企业经理层被认为是员工的一个部分。

2.1.3　产权理论

费希尔认为："产权是享有财富的收益并且同时承担与这一收益相关的成本自由或者所获得的许可……产权不是有形的东西或事情，而是抽象的社会关系，产权不是物品。"E. G. 费吕博格认为："产权安排确定了每个人相对于物时的行为规范，每个人都必须遵守与其他人之间的相互关系，或承担不遵守这种关系的成本。"

作为一种能够节约交易成本的契约，企业在替代市场实现部分资源配置功能的同时，其契约不完全性也存在着一些不易回避的弊端。Williamson（1975，1980）引入了专用性投资的概念分析了契约不完全性所引起的效率损失，Williamson认为，由于人们普遍存在着机会主义倾向，实施专用性投资的一方在投资完成后，可能面临着另一方不按契约价格进行投资补偿的威胁，又由于专用性投资方可能事前已经能够理性地预期到投资后的“敲竹杠”行为，因而容易导致专用投资方事前投资激励的不足。Williamson认为，资产的专用性及相关的机会主义行为是决定交易费用的主要因素，认为在一定的假设前提下，有限理性的行为主体应当对经济活动进行组织，以便在实现经济生产的同时，尽量避免受到机会主义行为的侵害。

产权安排是解决不完全契约可能导致对专用投资方的机会主义侵害。缔约方必须对自己投入企业的要素拥有明确的产权，才能明晰各方基于所投入的要素形成对企业的权利义务关系。剩余控制权是企业产权的核心内容。为了保护专用性投资激励以提高效率，应该对企业产权进行事前安排，将剩余控制权和剩余索取权交给专用性投资方，从而使企业的剩余控制权和剩余索取权相互匹配。可见，这样的产权安排从公司结构上实现了对投资者的事前激励，对治理效率的提高创造了有利条件。

2.1.4 超产权理论

澳大利亚经济学家Tittenbrun（1996）在分析了85篇有关产权与效益的经济文献后发现，企业的效益主要与市场结构有关，即与市场竞争程度有关。英国经济学家Martin和Parker（1997）在对英国各类企业私有化后的经营绩效作了广泛的比较后发现：在竞争比较充分的市场上，企业私有化后的平均绩效有显著的提高，而在垄断市场上，企业私有化后的平均绩效并没有显著的改善，因而认为，企业的绩效与产权的归属并不存在必然的联系，而与市场竞争程度存在着密切的联系。市场竞争越激烈，企业提高效率的努力程度越高。在此基础上，他们提出了超产权论的概念，认为超产权论比私有化产权论更具内在逻辑性和实证说服力。

传统的产权理论认为，产权私有化是国有企业改革赋予企业竞争力的唯一出路，强调代表产权拥有度的剩余利润占有率是决定企业经营者努力程度的激励因素，因此，国有企业改革应先从产权改革开始。超产权论（Beyond Property - Right Argument）是对传统产权理论的扩展，认为利润激励只有在完全竞争的前提下，才能发挥刺激经营者增加努力与投入的作用，即利润激励与经营者努力投入之间不一定存在必然的正向关系，因为即使在完全没有竞争的市场中，经营者也可以通过“坐地收租”的方式来增加利润。

超产权论（Beyond Property - Right Argument）的主要论点是：①竞争具有激励、完善信息、发展企业与进化市场的功能，若要改善企业的治理结构，基本力量是引入竞争，产权变动只是优化治理结构的一种手段；②产权的利润激励只是在市场竞争的前提下才能有效地刺激经营者更加努力，且市场竞争对于利润激励具有放大器的功能；③产权变动仅在短期内对于改善企业治理结构存在着积极意义，只有由市场竞争所促动的企业治理机制（利润激励机制、经理聘任机制、资本财务机制）才是决定企业绩效的根本因素。

相对于产权论，超产权理论发展了竞争激励和企业治理机制与效益之间的关系，它将市场结构与企业产权制度及由其决定的企业治理结构结合起来分析企业绩效，将产权论的企业产权制度系统拓展到了市场制度系统。

2.1.5　委托—代理理论

Berle 和 Means（1932）指出：“控制这些财富并因而处于确保经营效率和生产利润地位的人，不再是作为所有者而有权获得这种利润的人。”可见，“资产所有权和控制权分离”是现代企业制度下的一个重要问题，对这个问题的探讨形成了委托—代理理论。

委托—代理关系的实质是一种契约关系，委托人雇用代理人实施某些经济活动，并授予一定的决策权。委托方和代理方都是追求自身效用最大化的理性经济人，在目标函数上存在着潜在的冲突，因而代理人存在着不完全依照委托人的意愿进行经济活动的倾向，并对委托人带来利益损害。公司治理的核心目的是通过对治理结构和治理机制的设计，来减少委托—代理问题导致的效率损失，并降低代理成本。

随着外部资本市场的发展，现代公司制度下的委托—代理问题逐渐转向由公开上市所引致的“第二类代理问题”，即投资者内部不同利益集团之间的利益冲突。大股东凭借在投票权和信息获取上的优势，操纵着公司的实际控制权，通过合法的或者合法性难以证实的方式攫取中小投资者的利益，导致代理问题的再次发生。

2.1.6 利益相关者理论

在公司经营和治理目标上，存在着两种不同的价值导向：以股东价值最大化为目标的股东至上理论和兼顾公司不同利益集团价值的利益相关者理论。由于现代企业的委托—代理问题并不局限于股东和经理层之间，还涉及到所有契约缔结方，如客户、供应商、债权人、政府、雇员、社区等，因而利益相关者理论逐渐成为现代公司治理理论的主流。

利益相关者理论可以追溯到 1932 年 Dodd 的经典论述。Dodd 认为，管理层不仅代表着股东的利益，也要代表消费者、客户、供应商、员工、社区等其他利益主体的整体利益。1963 年，斯坦福研究所正式提出了利益相关者的概念，指代那些与公司存在着密切利益的关系集团。1965 年，Ansoff 指出，企业必须综合地考虑诸多利益相关者之间相互冲突的索取权。20 世纪中后期，Freeman 正式确立了利益相关者理论的地位，认为利益相关者理论提供了一种启发公司如何制定和贯彻战略方向的新思维。

20 世纪 70 年代之后，股东至上主义和利益相关者理论之间的冲突日渐显著。1995 年，Blair 对股东至上主义进行了批评，指出管理层不仅应当对投资者（股东）负责，也应当对所有的承担企业经营风险的利益相关者负责。Blair 认为，专用性投资不仅包括投资者投入的货币资金或实物资产，也包括雇员投入的专用性技能，还包括债权人、供应商和客户投入的各种专用性投资。在 Blair 看来，随着资本市场的发展，公司股权逐渐分散，股东可以通过资本市场转移个体风险，然而，对于其他利益相关者，公司的破产就导致他们专用性投资的损失。

不同的利益导向会对公司的经营和治理目标产生不同的影响，从而引发不同的财务决策、制度设计和业绩评价。在以利益相关者为导向的公司财务决策中，管理层应全面考虑各种决策对所有利益相关者的影响，为企业创造出最大的社会价值，而不仅仅是最大化的股东价值。治理结构和机制的设计是为了在不同利益集团之间实现利益均衡。公司业绩的评价不能仅以股票价格为标准，而应转向对公司整体价值的评价。

2.1.7　内部公司治理、外部公司治理及外部市场治理

Denis（2001）将公司治理机制分为内部治理机制和外部治理机制，其中，内部治理机制通过公司的内部治理结构（如董事会、管理层）来降低代理成本，而外部治理机制通过外部市场（如产品竞争市场、法律约束）或外部机构来降低代理成本。玛丽斯—曼妮假设（Marris Manne Hypothesis）是经典的外部治理理论，该假设认为，即使公司内部治理机制未能发挥作用，但如果存在公司控制权交易市场，管理者在执行职务时也不会过分地滥用职权，因为有效的公司控制权交易市场可以对不称职的管理者给予惩处。

一般而言，通常所讲的公司治理是指内部治理，而非外部治理。我国知名经济学家对国有企业公司治理的评价也都是针对内部治理而言的。外部治理分为市场治理、行政监管、社会辅助三个方向，其中，市场治理具有持久性和稳健性，是外部治理的核心。市场治理一般分为经理人市场、产品市场、资金市场和控制权市场四种治理方式。

市场治理的研究一直是西方外部治理研究的一个重点领域。Shleifer和Vishny（1997）认为，公司治理既是一个经济问题，也是一个法律问题，甚至在资本社会化后，是减少经理人对投资“剥削”的政治问题。Jensen M.（1993）认为，由于公司的各种治理机制都是在法律、政治的大环境下做出规定并执行的，所以法律和政治类的监管也必然对经理人的个人行为产生间接的激励作用；L. Porta（1998）根据49个国家的样本数据分析发现，法律保护程度对股权结构、资本市场和分红政策具有显

著的影响。高雷、宋顺林（2007）发现，法律对投资者保护水平越高，就越有助于降低代理成本。Claessens 和 Laeven（2004）发现公司生存的法律法规环境对经理层行为存在着显著的影响，进而影响公司的治理水平。Giroud 和 Mueller（2010）发现，在通过了公司并购法后，由于接管威胁的上升，经理层治理效率明显提高。

2.1.8 盎格鲁—撒克逊治理模式和日耳曼治理模式

Vives（2001）将公司治理模式分为市场导向型下的盎格鲁—撒克逊治理模式、银行导向型的日耳曼治理模式及中等发达国家和发展中国家实施的关系导向型模式。其中，前两种模式在公司治理中的影响较大。

盎格鲁—撒克逊公司治理模式，也称为英美公司治理模式，主要应用于英国、美国、加拿大、新西兰、澳大利亚等英联邦国家。在这种治理模式下，上市银行拥有众多的、分散的、持股较低的中小投资者，对经理层的约束能力较弱，主要依靠股票市场的流动性来提高公司治理的功能。盎格鲁—撒克逊公司治理模式主要按照英美系的法制内涵所设立，公司治理更多地倚赖于银行外部市场的力量来调节，同时需要建立相对完善的立法体制和执法机关，强调银行财务信息、经营信息、治理信息的充分披露，增强银行信息的透明度，在法律上禁止内线交易，用市场机制来实现对经理人行为的监督。

日耳曼公司治理模式，也称为德日公司治理模式，主要应用于日本及德国、挪威、芬兰、荷兰等欧洲国家。在这种治理模式下，企业或银行资本更多地受控于金融寡头和财团，由利益集团之间的交叉持股所控制，同时，政府也保持着对公司（银行）的强大影响力。监事会享有非常高的地位，具有对执行董事的任免权、监督权、特定交易批准权，以及特殊情况下的公司决策权和代表权。董事会的地位弱于监事会，是监事会的下级机关，按照公司（银行）法律和章程的规定，负责执行公司（银行）的具体业务。

2.2　上市银行公司治理与核心竞争力研究综述与评述

2.2.1　上市银行公司治理研究综述

上市银行公司治理的研究一直是银行运营研究领域中的主体内容，因为在现代金融环境下，银行治理在理论和实践上都正在超越银行管理。由于银行公司治理包含着诸多的要素，因此，公司治理的研究也在多个方向上齐头并进。近年来，主要热点研究包括董事会治理、信息披露、利益相关者治理、股权结构等方向。

1. 上市银行董事会治理的研究

在现代公司治理体系中，董事会是公司治理的核心。因此，董事会治理是上市银行公司治理的关键领域，一直处于被关注的焦点。

丁忠明、胡志强（2007）研究了中国商业银行董事会治理对经营绩效的影响，发现独立董事比例与银行净资产收益率呈负相关的关系，与银行贷款增长率也呈负相关的关系，董事长与行长的两职合一对银行绩效不存在显著的影响，并依次提出了中国银行董事会治理改革的若干建议。

潘敏、李义鹏（2008）在研究美国商业银行董事会特征对首席执行官的影响时，认为董事会特征的影响因素包括董事会人数、外部董事的比例、外部董事的兼职情况、董事长和行长两职兼任情况、提名和报酬委员会结构、第一大股东持股比例、董事会持股比例、CEO 的年龄。陈潘武、洪军（2009）实证性地检验了上市银行董事会治理与经营绩效之间的相关性，发现董事会在我国上市银行运营和监督过程中产生了一定的作用，董事会人数与独立董事比例对银行经营业绩没有产生明显的影响。

宋增基、杨天赋、王戈阳（2010）基于中国 11 家股份制银行的样本数据研究了董事会特征、CEO 薪酬和银行绩效之间的相关性，发现中国上市银行的监管障碍是 CEO 任职期限较长、CEO 兼任董事长、内部董事比例较大、董事会规模较大，认为授予CEO合理的薪酬可以有效克服银行的监管障碍，以改进银行的治理质量。

孙君阳、徐娜（2011）分析了中国上市银行的董事会治理特征，认为董事会职能是介于盎格鲁—撒克逊模式和欧洲大陆模式之间的一种混合模式，从权力角度看是一种单一决策、双重监督的治理结构。张娜、关忠良、郭志光（2011）基于我国14家上市银行的样本数据检验了董事会特征和银行绩效之间的相关性，发现独立董事和女性董事对银行绩效存在着显著的正向促进作用，董事会会议频率与银行绩效之间存在着不显著的正相关，董事会规模、董事长和总经理的兼任制约了银行绩效的改进。陈燕玲、姜川（2011）基于我国上市银行的样本数据研究了董事会特征对高管薪酬的影响，认为董事会理应对高管薪酬的制定起积极的作用，但由于我国商业银行在行长任免、董事长任免、董事会持股、董事长地位、国有股比例等方面具有特殊性，致使董事会的功能受到制约。石凯、刘力臻（2011）基于16家上市银行的样本数据研究了商业银行董事会治理对运营效率的影响，发现独立董事对运营效率缺乏促进效应，董事会规模和CEO薪酬对银行绩效缺乏显著的影响，且管理人员薪酬的增加也无助于银行运营绩效的改进。朱博文、潘旭（2011）基于中国51家商业银行的数据研究了商业银行董事会结构的内生决定因素，发现董事会规模与银行规模之间存在正相关的关系，与CEO谈判力量之间存在着负相关的关系，与银行资产收益率负相关。丁庭选（2011）基于上市银行的样本数据研究了董事会独立性对银行债务融资契约的影响，发现董事会与总经理的两职兼任会明显导致银行债务期限结构的缩短，但不影响银行的债务规模，同时，独立董事规模对银行债务契约之间不存在明显的相关性。张福海（2011）基于中国建设银行股改的视角研究了公司治理结构的完善对银行竞争力的影响，提出了商业银行公司治理结构完善的具体策略：依法构建“股东大会—董事会、监事会—经营者”的法人治理结构、构建合理的董事会制度、建立审慎的会计制度和信息披露制度。敬文举、刘凯旋（2011）研究了我国商业银行公司治理的进展及着力点，认为优化董事会结构、加强内部控制建设、重视利益相关者的作用是我国银行业现阶段公司治理的核心内容，而提高服务能力、创新能力、抗风险能力是银行公司治理改革的着力点。

薛华溢、吴青（2012）基于中国的经验数据研究了银行控股公司的公司治理结构对经营绩效的影响，发现银行机构的董事会和独立董事对银行绩效存在着直接的影响，而监事会和委员会对银行绩效的影响存在着不确定性。周建、张文隆、刘琴等（2012）在研究商业银行董事会治理对创新绩效的影响时，将董事会治理分解为以下内容：董事会人数、董事会会议次数、董事薪酬形式、董事薪酬水平、董事薪酬水平的方向、董事会领导权结构、独立董事比例、董事的学历和职业背景。王戈阳、宋增基、刘春才（2012）认为中国上市银行董事会特征的影响因素主要包括独立董事任职年限与行长任职年限的比值、独立董事的比例、银行第一大股东持股比例、第一大股东和第二大股东持股份额的比值、银行实际控制人的性质以及董事会规模。周建、张文隆、刘琴等（2012）基于沪深两市上市银行的经验数据研究了商业银行董事会治理与创新的相关性，发现上市银行对董事会规模的适度控制、采取长期激励措施、控制薪酬激励水平等措施均可以提高上市银行的创新能力。梁洪波、刘远亮（2012）研究了上市银行公司治理对信用风险的影响，发现商业银行的股权集中度和董事会规模对信用风险存在着显著的正向影响，而商业银行董事独立性和商业银行监事会规模对信用风险存在着显著的负向影响。王戈阳、宋增基、刘春才（2012）在研究上市银行董事会独立性对经营绩效促进效应时，将董事会独立性的特征分解为以下要素：独立董事所占的比例、独立董事任职年限与行长任职年限的比值、银行的产权性质、两职合一、董事会规模等。

2. 上市银行信息披露的研究

信息披露是公司治理实施的一个基本要素。由于银行是一个特殊的高风险行业，因此，信息披露对银行公司治理的质量存在着深远的影响。

倪慧萍（2006）认为我国上市银行内控信息披露存在的问题是，披露载体大体相同、主要是董事会和监事会的报告，披露主体有董事会、监事会和管理当局等，不同年度之间信息披露的差异较大，正面评价远多于缺陷披露，事务所内控审核报告出具的依据存在差异，制度制定部门的差异导致上市银行有时无所适从。任辉（2007）分析了中国商业银行信息披露与新巴塞尔资本协议之间的差距，阐释了新巴塞尔资本协议关于信息披露的规定，提出了改进商业银行信息披露的具体策略，包括符合国际惯例的统一会计标准和披露标准、引入市场约束机制、加强对信息披露审计的监管、充分利用信息技术的发展成果。

王志伟（2008）针对中国证监会2008年8月25日发布的26号规定解读了上市银行信息披露新政的内涵，阐释了信息披露规则修改的背景，对新规则实施提出了建议，包括持续关注公司治理的信息披露、持续关注并强化资本充足率的信息披露。黄秋敏（2008）以2001年至2006年上市银行年度报告为对象研究了内部控制信息披露状况，对董事会报告、监事会报告、年报正文和附件、会计师事务所的内部控制审计报告的信息披露状况进行了说明，并指出各自信息披露所存在的问题。

李伟（2009）研究了我国上市银行信息披露的法律监管问题，认为法律监管的主要不足是沟通机制不健全、专业性的金融法律人才匮乏，提出了完善法律监管的策略，主要有法律规范体系、建立非诉讼纠纷解决机制、建立司法机关和监管机构之间的沟通与协商机制。唐红娟（2009）研究了我国上市银行内部控制的信息披露，认为内部控制信息披露的缺陷是法律规范不完备、披露的信息较为散乱、披露的内容不完全，大部分银行只选择了某方面交易的信息披露，正面评价较多，监事会和独立董事发表的独立性意见较为雷同。

新巴塞尔资本协议研究和规划项目组（2010）认为，我国商业银行信息披露状况在不同机构和不同地区之间均存在着较大的差异，一些银行制定了信息披露政策，建立了信息披露管理制度，但在银行业整体上仍有待改进。张焕南（2011）研究了上市银行信息披露的改进策略，具体有完善信息披露的规范管理体系、质量标准体系、监管协调体系、市场监管体系和违规惩戒体系，其中，规范管理体系的完善包括流程制度、沟通制度、联动制度、合规制度的完善。兆文军、李元（2012）认为商业银行自愿性信息披露的内容主要包括环境信息、战略信息、知识资本信息、公司治理信息、社会责任信息、管理层讨论信息和各类预测信息。

翟光宇、武力超、唐大鹏（2014）研究了董事会秘书持股对信息披露质量的影响，发现董秘持股不仅没有造成信息质量的下降，反而提高了信息披露的质量，但董秘的个人特征没有得到较好的发挥，上市银行整体的信息披露质量有待提高。

3. 上市银行利益相关者治理的研究

中国工商银行专项课题组（2013）解析了国际大银行利益相关者治理的经验及启示，主要有：采取共同治理的模式，让员工代表参与到银行决策之中；坚持人才本土化理念，实施人才本土化战略；以客户为中心，不断完善银行与客户的互惠互利关系；将社会责任的践行融入到银行的企业文化之中，鼓励员工成为优秀的企业公民；坚持可持续发展战略，与社会共同进步。

4. 上市银行股权结构的研究

赵昌文、杨记军、夏秋（2009）研究了转型期中国商业银行公司治理对运营绩效的影响，发现商业银行的政府持股比例与银行业绩之间存在着显著的倒 U 形关系，董事会规模与银行业绩之间也存在着显著的倒 U 形关系，具有金融从业经验的独立董事能够显著地改善公司治理，进而提高银行的运营业绩。刘星、张建斌（2010）研究了中国上市银行公司治理对创新能力的促进效应，发现作为第一大股东的国有股持股比例和控股能力与银行创新能力之间存在着负相关性，股权分散可以缓解这一负面影响，同时，董事会规模和独立董事的比例与银行创新能力之间呈正相关的关系。何蛟、傅强、潘璐（2010）研究了股权结构对商业银行运行效率的影响，发现不同股权结构的商业银行存在着明显的效率差异，不同股权结构的商业银行在引入外部战略投资者后改善了银行的成本效率，也提升了银行利润。

谭燕芝、许明（2012）基于 16 家上市股份制商业银行的面板数据研究了股权结构对商业银行经营效率的影响，发现股权的相对集中不利于商业银行经营效率的改进，其中，股权结构分为五个要素：第一大股东持股数量占全部股份的比例、前五大股东持股比例之和、前十大股东持股比例之和、第一大股东持股比例与第二大股东持股比例之比。潘敏、张依茹（2013）基于中国银行业的经验证据研究了股权结构对商业银行信贷行为的影响，发现第一大股东持股比例和国有股占比的提高均会强化银行信贷总量增速的逆周期性，而外资持股比例的增加则会弱化该特征。

2.2.2 上市银行竞争力研究综述

在现代经济和金融环境下，竞争力的培育是银行业永恒的主题。无论是银行公司治理还是公司管理的实施，其根本目标在于培育银行的竞争力。

Van Horne J. C.（1985）认为银行金融产品的创新具有多样化的特征，可以是一种新的产品，也可以是一种新的流程，是对现有产品和流程的改进，从而使金融市场更为稳健、完备和有效。金烨（2003）思考了商业银行中间业务拓展的相关问题，提出了创新和拓展中间业务的对策：构建适合市场需求的中间业务经营体系、构建中间业务内部管理和风险控制体系、构建创新市场需求的中间业务发展机制、构建适合中间业务发展的用人机制。Tufano P.（2003）研究了美国商业银行金融创新的路径，认为银行创新行为包括金融工具创新、信息技术创新、市场营销创新、金融机构创新。Tufano P.（2003）认为，从广义的视角来看，银行机构的金融创新是创造并推广金融产品、金融技术、金融机构和金融市场的活动。

Frame W. S. 和 L. J. White（2004）认为银行创新是多方面的，包括创新产品、创新服务、创新流程和创新组织结构等形式。Frame W. S. 和 L. J. White（2004）解析了美国商业银行的创新行为，认为银行创新包括产品创新、服务创新、流程创新和组织创新四种形式。程华（2006）认为，商业银行中间业务创新是金融创新的一个重要组成部分，由监管机构或商业银行推动，使中间业务在制度、内部管理、市场、产品和技术等方面产生突破行为。

朱盈盈、李平、曾勇等（2011）基于中国 73 家商业银行的面板数据研究了境外战略投资者引入对银行创新能力的影响时，直接将中间业务收入作为银行创新能力的度量指标。

邱洪华（2012）将中国银行业创新能力分为创新基础、创新质量、创新竞争力三个要素，其中，创新基础包括专利总量、发明人数、申请认识三个指标，创新质量包括人均申请量、发明专利占比、授权专利占比三个指标，创新竞争力包括核心专利占比、重要专利占比和专利技术年龄三个指标。朱明星（2013）在研究我国商业银行创新能力与风险监控的相关性时，认为商业银行创新能力是创新过程中的一种系统能力，包括服务创新能力、技术创新能力、管理创新能力和战略创新能力等要素。

2.2.3　政治关联研究综述

1. 政治关联的内涵、形式及度量

政治关联是指企业利用与政府的特殊关系而为自身发展谋取垄断利益的过程，它在经济运行中具有较高的现实性，对宏观经济与微观企业的发展均存在着不同程度的影响。胡旭阳（2013）分析了政治关联的四种获益途径：一是货币化收益增加了控股股东可转移的资源，二是非货币化收入可能转化为公司实际控制人的私人收益，三是制约资本市场对控股股东隧道行为的惩罚和监督作用，四是降低监督部门对大股东掏空行为的威慑。

有的学者认为，政治关联不仅是东方社会的商业智慧，也是我国特殊经济环境下的商业手段。在我国法制水平不高、金融机制落后、市场发育不全、产权保护不足的制度环境下，公司为了避免自身的权益受到强权的侵害，或者为了能够顺利进入高壁垒高利润的行业，需要做很多与市场经济相悖的“功课”，其中，政治关联是一项核心的内容。肖作平、苏忠（2009）认为，政治关联在转轨经济中存在着重要的作用，对企业存在着便利的资源配置功能，不仅可以降低市场信息不对称的程度，还可以从政府获取额外的资源支持，增强投资者的信赖，产生信号传递的作用。

在中国现有的经济环境下，政商关系不能简单地理解为官商勾结、

权力寻租，在很多场合下，也可以作为一种非正式的公司自我保护机制，即政治关联。在政治关联视角下，企业家或公司高管的政治身份可以在一定程度上代替法律制度来保护公司自身的权益，不仅可以减少各级政府机构的侵害，也可以借助政府的力量来防范其他市场主体的侵害。因此，政治关联是一种徘徊于"原罪"边缘的政企关系。

在西方研究中，关于政治关联的测度，一般存在着三种方法：一是以企业董事长、总经理等高管在国家或地区大选期间的"政治献金"来衡量政治关联的强度，即在竞选中捐金量越大，当支持方在竞选中获胜后，则该企业的政治关联度就越强；二是以企业在各项社会公益中捐赠的数额来度量政治关联的强度；三是以企业高管或股东的政治背景来度量政治关联的强度，但同时也考虑具有政治背景的股东和高管在公司的股份和影响力。石晓乐、许年行（2009）认为，政治关联的度量问题一直是政治关联研究的一个难题，目前的政治关联研究中仅度量了有无政治关联，而没有度量政治关联的程度，未能把握住企业高管在多大程度上受到政治的影响以及对政府的影响。

从政府的视角来看，政治关联可以为政府及成员获取利益，甚至产生寻租现象。Facciom（2006）通过对42个国家样本的分析，发现在贪污腐败程度较高的国家，或者在法律体系较为薄弱的国家，政治关联更为盛行。

石晓乐、许年行（2009）总结了政治关联的十大影响因素，分别是管制环境、司法体系效率、信息披露、腐败程度、行业特征、开放程度、股权结构、公司规模、负债比例以及公司所处的地理位置。

2. 公司治理中政治关联效应研究

政治关联效应是公司治理中的必然现象，完全摆脱政治关联的公司治理是不存在的，因此，公司治理的政治关联效应是公司治理研究一个不可忽视的方向，在很多场合中对公司治理绩效产生着举足轻重的影响。因此，公司治理中政治关联的研究近年来成为公司治理研究的一个热点领域。

黄新建、张会（2011）认为，政治关联对公司治理的影响主要是通过“帮助之手”和“掠夺之手”来实现的，前者是指政治关联为企业带来特殊收益，后者指政治关联反而为企业带来负面影响。郑石明（2012）探讨了公司治理中的政府角色问题，认为政府在公司治理中存在着三种角色：国有资产所有者、公共服务提供者、公共监管者。

谭劲松、郑国坚、彭松（2009）研究了地方政府公共治理对国有控股上市公司控制权转移的影响，发现分权化改革后地方政府实现地区良好公共治理的责任及地方官员的主要政绩与表现形式，是促使地方政府参与地方企业重组的直接原因。范子英、李欣（2014）基于中国的经济环境研究了部长的政治关联对财政转移支付的影响，发现部长的政治关联效应可以大幅增加地方的财政收入，继而探讨了对地方经济的正面和负面影响。

从企业的视角来看，政治关联在短期可以为企业获取收益，尽管这种局部收益往往以不公平竞争或地区经济退化为代价。Faccio（2002）基于42个国家的样本书发现，具有政治关联的上市企业更容易取得债务融资、更低的税负和更强的市场支持等利益，但具有政治关联企业的绩效却低于同类企业。Khwaja和Mian（2004）通过对1996年至2002年的上市企业贷款的研究发现，具有政治关联的企业从银行获取贷款的额度是普通企业的两倍，但拖欠率却高出其他企业的两倍，不过，这种情况仅发生在政府可以控制的银行。Leuz C.，Oberholzer－Gee F.（2006）认为，政治关联不仅可以影响到企业的价值，也会对公司的融资、税率、政府救助、战略投资等财务行为产生深远的影响。赵峰、高明华、马光明（2011）认为政治关联对于中国企业具有以下作用：一是可以替代正式法律，为企业提供产权保护；二是降低企业贷款难度，为企业获取更长的贷款期限；三是降低企业进入管制行业的壁垒；四是获取更多的政府财政补贴。李维安、王鹏程、徐业坤（2015）研究了民营企业捐赠行为中政治关联对债务融资的影响，发现慈善捐赠有助于民营企业的债务融资，且这种现象普遍发生在与政府关系密切的民营企业中。

贾明、张喆（2010）在研究高管政治关联对公司慈善行为的影响时，将政治关联分为中央政府政治关联和地方政府政治关联两种类型，并且由高到低设置了四种类型的政治关联，即中央级、省级、市级和县级，取值也由高到低，反映了政治关联的等级性。

石晓乐、许年行（2009）在评述公司财务与政治关联研究的新进展时，认为目前政治关联最常见的度量方法是以公司大股东、高管、董事会成员现在或曾经是否在政府部门担任职务为标准。可见，现有研究的政治关联测度并不完备。

3. 公司治理要素的政治关联研究

公司治理包含一系列基本的要素，如股东大会、董事会、监事会、经理层、信息披露、利益相关者治理、股权结构、独立董事、关联交易等，而公司治理的政治关联可以发生在多个方面，其中，若干关键要素与公司治理存在着密切的关系。

董事会政治关联是公司治理政治关联的一个主要领域，因为在现有的政治与经济环境下，政治与经济之间存在着千丝万缕的联系，这种联系时常在董事会治理中显露出来。其中，独立董事的政治关联是董事会政治关联研究的一个突出方向。陈冬华（2003）研究了地方政府在补贴收入上对公司治理的影响，发现具有地方政府背景的董事长在上市公司董事会中占有相当重要的地位，且地方政府对董事会的影响越大，上市公司就可以获得更多的补贴收入。

经理层是产生显著政治关联效应的另一个领域，近年来也引起许多学者的关注。经理层是公司治理和企业管理的纽带，经理层的政治背景必然对公司运营产生影响。胡永平、张宗益（2009）基于国有上市电子公司的样本数据研究了高管政治关联对公司业绩的影响，发现董事长政治关联对公司业绩具有正向的、微弱的促进作用，而总经理政治关联对公司业绩具有负向的、明显的弱化作用。魏江、寿柯炎、冯军政（2013）研究了高技术产业上市公司高管政治关联对企业并购的影响，发现高管政治关联可以促进企业并购的实施，且在不同的政治关联中，政府扮演着不同的角色。

信息披露是公司治理的一个基本要素，高管层的政治关联对信息披露治理也产生直接或间接的影响，从而影响到公司治理的效果。司茹

（2013）以深交所公布的信息披露为考评结果，研究了政治关联对上市公司信息披露质量的影响，发现政治关联显著降低了公司的信息披露质量，且发现这种效应在国有上市公司不显著，而在非国有上市公司较为显著。

2.2.4　综合研究评述及研究趋向

总体而言，我国上市银行公司治理的研究存在着两个方面的片面性：一是过于从微观层面来考虑权力制衡机制的优化问题，没有注重宏观层面各种政治、经济、文化因素的影响；二是主要从内部治理的视角来探讨权力制衡的改进路径，而没有注重外部治理及外部市场治理的作用，尤其没有关注政府参与对银行治理的影响。

事实上，一些宏观改进思想和理念已经隐含在微观的研究中，因而可以通过对微观研究的综合分析来完善宏观层面的战略目标。在公司治理理论的基础上，结合我国上市银行所处的政治与经济环境，可以从公司治理行政干预改革、内部人控制、产权结构、政治关联、外部市场培育等方面提出我国上市银行公司治理的改革方向，并在此基础上，提出董事会治理、监事会治理、经理层治理、信息披露、利益相关者治理、独立董事治理的具体改进策略。

因此，在新的经济形势下，我国上市银行公司治理的研究应循着两条路径继续深化：一是加大对宏观政治、经济、文化环境的关注，在我国特有的国情下，从传统治理系统的外部发现公司治理的影响因素，并提出公司治理的改进方向，其中，政府参与是一个必备的考虑因素；二是将公司治理的研究从内部治理延伸到外部治理，发挥内部治理和外部治理的综合效应，尤其是发挥外部市场治理对权力制衡的促进效应；三是应将核心竞争力的培育作为上市银行公司治理的一项重要目标，而不仅仅是财务绩效的改进，因为核心竞争力对银行的未来具有最终的决定作用。

2.3 本书的概要设计

现代商业银行的竞争是核心竞争力的竞争。根据王松奇教授的《中国商业银行竞争力报告》，中国商业银行的竞争力体现在公司治理、发展战略、风险管理、人力资源、信息科技、产品和服务、市场影响力等方面。尽管我国有些商业银行的排名在世界上名列前茅，但是其核心竞争力普遍较低，在资本运营、产品开发、内部控制、风险监控等方面与西方商业银行差距较大。

公司治理是推动银行核心竞争力成长的关键策略，在各国商业银行都得到高度的重视。公司治理结构包含股东大会、董事会、监事会、经理层、信息披露、利益相关者、股权结构等要素，对核心竞争力要素均存在着推动作用。对于我国上市银行而言，公司治理的效果并没有达到尽善尽美的效果，存在着许多可以提升的空间。如果上市银行在公司治理上取得进展或突破，则核心竞争力就会更上一个台阶。

在我国现有的政治、经济、文化环境下，公司治理的实施必然受到政府参与的影响，因此，公司治理的研究必须考虑政治关联和行政任命等因素的效应。在我国上市银行公司治理中，政治关联体现在董事会、独立董事、监事会、经理层、信息披露、社会责任、股权结构等方面，对这些公司治理要素的治理效应产生着不同程度的影响。我国上市银行公司治理的政治关联存在着多种形态，与西方公司治理中政治关联的形态存在着差异。同时，我国上市银行董事长及董事会成员、监事会主席及监事会成员、行长与副行长、独立董事的任命基本上是行政指派的结果。

基于以上的表述，我国上市银行公司治理的研究需要在一定程度上考虑政治关联和行政任命的效应，或者将政治关联和行政任命视为公司治理中必备的要素，才能更为有效地揭示出公司治理的内部机理，也才能为银行核心竞争力的培育指出更为明确的方向，提出更为可行的策略。

第三章　典型银行公司治理结构特征、比较及趋势分析

目前，银行治理结构主要分为四种模式：英美治理模式、德日模式、东南亚治理模式和转型经济治理模式。近年来，由于国际金融业竞争的加剧，这四种银行治理模式也在不断变化和调整之中，出现了一些新的治理特征。

3.1　英美银行治理模式

英美银行治理模式，是英美公司治理模式在银行业中的应用，目前流行于英国、美国、澳大利亚、加拿大等国家及受其文化影响的国家，有时我们也称之为盎格鲁—萨克逊治理模式，最近在公司治理领域它也被称为市场主导模式、市场监控模式。从经济学的视角来看，也被称为新古典公司治理模式，这种治理模式近年来主要呈现以下特征：

（1）银行的股权结构呈高度分散状态，且股权在股票市场的流动性很强，机构持有者越来越占主导地位。首先，银行公司治理结构的完善主要依赖于银行运营的高度透明化，透明度越高，公司治理就越完善，因此，对信息披露具有较高的要求。其次，银行公司治理结构的完善也依赖于相关立法和执法体系的健全，法制法规越健全，公司治理效果越好。再次，股权高度分散，为数众多的中小股东对经理层的决策基本上不产生什么影响，也不可能对经理层施加多大的压力。最后，近年来，机构投资者参与的力度越来越大，逐渐占据大股东的位置，主要包括信托基金、退休基金、共同基金、慈善基金，以及人寿保险公司和各类基金会。

例如在美国，第二次世界大战之后，机构投资者在商业银行中持股比重不是太高，大概在10%左右，但增长较快，在70年代中期达到了30%左右，后来又继续上升，80年代中期达到了40%左右。到90年代之后，机构投资者已经完全压倒个人股东，普遍超过50%，在个别大银行中甚至超过了70%。根据最近的统计，在美国银行中，退休基金持股的规模最大，排在第一位，信托机构持股的规模次之，排在第二位。

（2）英美治理模式仍旧主要以股东价值最大化为目标，没有完成向利益相关者治理的转型。现代公司治理理念已经从“股东价值最大化”向“利益相关者”转化，但是在英美银行治理模式中，仍旧以奉行“股东价值至上”的理念为主，银行治理的首要目标是尽可能地为股东创造更多的价值。在这种治理模式下，银行客户、所在社区、政府机构、社会机构以及员工主要获取固定的福利和薪酬，不能过多地享有银行的剩余索取权。

（3）外部市场治理的职能高度发达，股权的流通较为顺畅，其中，资本市场的功能更为健全。外部市场治理一般包括职业经理人市场、产品市场、资本市场、控制权市场治理几个方向，在英美治理模式下均呈现出高度发达的特征。在这种情况下，股东更关心股票的涨跌，热衷于“用脚投票”，既不关心银行的内部经营战略，也不干预银行的内部经营过程。不过，在市场治理高度发达的情况下，经理层可以持续地感受到来自市场的压力，时刻存在着被替代的威胁，迫使他们尽心尽责，收敛机会主义，兼顾短期利益和长期利益，慎行扩张行为，以维护自身地位的稳固性和长期性。

（4）薪酬激励和股权激励的应用较为广泛，且效果明显。随着英美治理模式的发展，经理层的激励由以薪酬激励为主，逐渐向股权激励为主转化，或者薪酬激励和股权激励双管齐下。管理层的收入主要包括基本工资、奖金收入、股权和退休计划等。基本工资主要由位置决定，伸缩性不大。奖金收入主要决定于银行的年度经营绩效，股权收入主要决定于银行的长期收益及发展趋向，而退休计划主要取决于经理人员在银行服务的年限。

3.2　德日银行治理模式

德日银行治理模式，是德日公司治理模式在银行业的应用，主要应用于日本、德国、挪威、荷兰等欧洲国家和斯堪的纳维亚半岛国家，在有的文献中也被称为日耳曼治理模式。这种治理模式主要存在以下特征：

（1）银行股权以相互持股为主，且股权集中在大银行。银行的股权主要被财团和大银行所控制，交互持股较为普遍。在融资方式上，股权融资和债权融资相结合，同时以间接融资为主。一般情况下，银行的资产负债率较高。目前，在德国和日本上市银行中，90%的中小型银行属于股份有限责任公司，而大银行普遍是股份有限公司。在通常情况下，大银行可以为中小银行提供贷款，又同时是中小银行的股东，银行的资产负债率普遍较高。

（2）在权力制衡上，主要通过直接控股机构对经理层实施监督。银行控股的财团或大银行对经理层的干预力度较大，可以实施有效的监管。在经理层决策中，集体决策较为普遍。高级管理人员一般实施终生雇用制，也有助于对机会主义和短期行为的约束。同时，外部市场的监督力度较弱，职业经理人市场、产品市场、资本市场和控制权市场的监督作用均不大。银行信息披露的范围较窄，内部交易时有发生，对小股东权益保护的法规也不太完善。

（3）经理层的激励以年薪制和年功序列制为主。由于采用了终生雇用制，经理层股权激励较少，年薪制和年功序列制较为盛行。经理人员的收入主要由工资和奖金组成，前者取决于岗位的重要性，而后者取决于银行的年度业绩。年功序列制不仅包括工资和奖金收入，也包括职务升迁、荣誉授予、终生雇用等福利性的激励，还包括荣誉授予等精神性的激励。在这种激烈模式下，不是太看重短期业绩，而是短期业绩与长期业绩进行综合考虑。

（4）公司治理的理念是利益相关者治理，而不是股东至上。随着公司治理理念由股东至上向利益相关者转化，德日银行治理逐渐转变为利益相关者治理，这也与银行的融资结构和融资特征相一致。在这种治理模式下，往往会形成股权和债权共同控制银行的局面。

（5）德日银行治理模式近年来也发生了分化。近年来，随着公司治理的变化，德日银行治理模式也逐渐产生分化。在德国，全能银行较为盛行，银行不仅经营各类贷款、证券、信托、保险等，也控制着股票发行的代理权。在日本，主银行制度比较盛行，银行与企业之间的关系比较稳定，形成了长期性的交易关系，同时，主银行持有中小银行的股票达20%以上。

可见，相比于英美银行治理模式，德日治理模式既有优点，也存在缺点。优点是，“用手投票”可以在不改变银行股权结构或不改变银行所有权归属的前提下，使委托—代理矛盾予以内部化，银行的内部治理机制可以有效地纠正经理层的管理失误。缺点是，由于外部治理市场不发达，尤其是控制权市场不发达，致使委托—代理问题很难从根本上得到解决，且外部筹资较为困难，银行的资产负债率较高。

3.3 东南亚银行治理模式

东南亚银行治理模式是东南亚公司治理模式在银行领域的延伸，主要应用于韩国、新加坡、泰国、印度尼西亚等国家，尤其应用于华人控制银行或华人家族银行。这种模式呈现以下治理特征：

（1）以儒学文化为主导的治理思想，融合于西方商业银行的治理模式。在韩国和东南亚国家，儒学文化底蕴较为浓厚，支配着公司治理的理念及改革方向，如“和为贵”“中庸之道”等经典儒学思想贯穿于公司治理的始终。权力制衡机制不仅受到西方治理制度的调节，也受到儒学思想的影响，崇尚和谐。

（2）权力制衡中呈现强大股东、弱经理层以及弱中小股东的局面。银行主要由家族成员控制，而这些家族成员持股的比例较高，对经理层存在着居高临下的控制作用，同时，中小股东对经理层决策基本不产生影响，对大股东也无法构成任何威胁。因此，常规治理模式下的股东与管理层之间的冲突就转化为强控股股东、经理层和中小股东之间的利益冲突。银行所有权和控制权较为统一，控股股东可以对经理层直接施加压力，且较为有效。

（3）股权可以在家族成员的后代顺延，形成家族长期控股的局面。东南亚银行的创立一般由家族发起，兄弟姐妹及其他旁系亲属在银行成长和发展过程中逐渐形成了控股股东。随着时间的延续，控股权逐渐向第二代、第三代移交，仍旧保持着家族成员长期控股的局面。可见，这种封闭的产权结构在上市之后，就形成了产权多元化的格局，但家族控股的性质没有改变。

（4）家族成员普遍采用了“参与制”方式持股，且存在较强的稳定性。在家族银行治理模式中，与德日治理模式类似的是，控股股东并不专注于股票的买卖，主要关心自己对银行控制权的行使和变化。可见，大股东持股的稳定性较高，在股票市场的流动性较弱。在股权转移上，控股家族成员往往热衷于“参与制”，即以自己直接控股的银行作为母公司，在适当时机购买其他银行的股票，使其他银行成为自己的“子银行”，从而达到控股的目的。如此逐级复制，最终形成了庞大的家族型金融帝国。

（5）形成了大股东参与的有效制衡机制，委托—代理成本较低。相比于其他各种银行治理模式，家族型银行公司治理模式的代理成本最低，因为家族控股股东对经理层有绝对的控制权，有可能严格抑制经理层的机会主义和短期行为，使经理人员行为不会偏离太远。这种控制在形式上类似于德日模式，在功能上又类似于英美模式，兼具了二者的控制特长。在家族银行中，家族大股东有时候可以支配股东大会和董事会，亲自做出重大决策，董事会负责贯彻和实施，经理层负责日常执行。

（6）与政府的关系较为密切。在东南亚地区，如泰国、马来西亚、文莱，华人是少数族裔，但却常常控制着当地经济和金融的命脉，有时达80%以上。因此，为了维护自身的经济或金融垄断地位，华人控股股东更愿意和当地政府搞好关系，借助于政府的力量来保护自己的合法权益。

3.4 转型经济银行治理模式

转型经济治理模式是转型公司治理模式在银行业的延伸，在许多场合下也称为内部人控制模式，主要应用于苏联各地区，以及罗马尼亚、捷克、斯洛伐克、波兰、匈牙利等国家。在一些研究中，也将中国上市银行的治理模式归属于转型经济治理模式，但是，中国与苏联、东欧地区的银行公司治理模式并不完全相同。这种治理模式的主要特征是：

（1）内部人控制（Insider Control）的特征较为突出，经理人员存在着巨大的权力垄断。在这种治理模式下，由于所有权缺位，经理层成为事实上的银行控制人，不仅会与内部职工产生合谋，也会与董事会成员、监事会成员甚至独立董事产生合谋，损害银行的利益，助长了高管层的利己主义行为。在这种治理模式下，内部控制的能力较弱，外部行政监管和法律法规约束也往往不到位，因而为经理层机会主义的滋生预留了很大的空间。

（2）即使实施了私有化，银行运营的低效率也很难在短期内得到改变。苏联和东欧实施了私有化之后，银行治理低效率的局面并没有得到有效的扭转，甚至比以前公有制时期更低。一些东欧国家通过引进外资形成了股权多元化，在一定程度上调整了股权结构，尽管治理功能稍稍改善，但也失去了金融独立性，受到了外资银行强有力的控制。同时，在私有化过程中，容易出现急于求成的现象，导致银行私有化过程变为政府官僚和银行高管对银行控制权攫取的过程，这些人员顺便变成了“内部人”。在内部人控制下，“内部人”并不是通过经营银行来获取个人收益，而是醉心于窃取银行的财产。

（3）私有化后有可能形成封闭型的银行公司治理。在转型过程中或者转型完成之后，由于“内部人”为争夺利益而相互争斗，极易出现“反共同体的悲剧”（Tragedy of the Anticommons），造成银行资产的严重浪费。这时候，“内部人”为了获取自身最大的利益，或者在进行利益协调时，相互否定对方的决策，往往导致银行资产浪费在低价的运营环境中。这种治理模式也加重了公司治理中的信息不对称，阻碍了战略投资者的引进和其他筹资行为。为此，政府需要花费巨大的代价来重建银行的社会信用体系。

3.5　典型银行公司治理模式的比较

英美治理模式、德日治理模式、东南亚家族治理模式和转轨经济治理模式在公司控制权、股权结构、经理层监管、资本市场功能、外部控制权市场、两权分离、企业文化、治理弊端、主导思想、董事会特征、主要适用区域等方面的差异如表3－1所示。

表3－1　不同公司治理模式的比较

	英美治理模式	日德治理模式	东南亚家族治理	转轨经济治理
关键特征	强管理者、弱所有者	强所有者、弱管理者	股东和管理层均较强、弱中小股东	内部人控制
公司控制权	职业经理人	银行、非银行金融中介	家族	政府、党、国家、人民
股权结构	极为分散	股权较为集中	股权高度集中	股权高度集中
经理层监督者	金融监管机构	银行、大股东	家族权威者和家族成员	政府、人民、党
资本市场强弱	最强	中	强	由弱变强
外部控制权市场	强	弱	极弱	极弱
两权分离程度	最高	较高	较低	最低
企业文化	西方古典文化	西方古典文化	儒家思想	混乱、模糊、无法识别
治理弊端	内部人控制、公司行为短期化	泡沫经济、公司呆账坏账较多	自我修复能力较差	内部人控制泛滥
主要区域	英、美、加拿大、澳大利亚	日本、德国	新加坡、马来西亚、泰国、菲律宾	中共、苏联、东欧、中欧

续表

	英美治理模式	日德治理模式	东南亚家族治理	转轨经济治理
主导思想	股东利益最大化	利益相关者利益均衡	股东利益最大化	说不清
董事会特征	单层董事会	双层董事会	混合董事会	单层董事会

3.6 商业银行公司治理发展趋势

随着金融全球化的发展，商业银行各种公司治理模式出现了相互融合的趋势。在英美等国家，开始由分散型股权结构向集中型股权结构转化，机构投资者逐渐演变为控股股东，对经理层的监督力度越来越大，“用手投票”的效应日益加强。在德日国家，股权结构集中的趋势开始减弱，注意到了外部监控的作用，日渐吸收“用脚投票”的合理性。自20世纪末期，随着日本和德国经济的衰退，银行界开始反思交叉持股的弊端，寻求对银行可竞争性的特征进行强化。

同时，家族银行治理也不再遵从绝对控股的理念，而是逐渐推行了股权分散化的进程，启用外部市场治理的力量，重视家族外部的银行控股股东和众多中小股东在公司治理中的作用。转轨经济治理模式在经济体制改革和政治体制改革过程中，也逐渐放松了政府机构对银行运营的干预，开始强调外部市场的调节作用和机构投资者的监督作用。

总体而言，这些趋势呈现了以下的共同特征：

（1）重视机构投资者在银行公司治理中的监督作用。机构投资者力量的增大，发生在西方国家称为“积极干预”的股东价值运动。随着机构投资者股东比例的提高，由于担心在随机股票买卖中受到更大的损失，机构投资者逐渐向长期投资者转化，尽可能地参与公司治理机制，以维护自身利益不受损害。

（2）重视银行内部控制和风险控制。内部控制的目标就是减少风险控制。安然事件后，美国通过了《萨班斯—奥克斯利法案》（Sarbane s - Oxley Act)，强调内部控制的重要性，从内部审计、外部审计、管理层等几个层面设计了内部控制的具体措施，也设计了问责机构和惩罚措施。

（3）更加重视银行的信息披露。《萨班斯—奥克斯利法案》提出了公司治理信息披露的新规则，意图完善上市公司信息披露的机制，强化上市公司信息披露的义务。在《萨班斯—奥克斯利法案》下，上市银行的投资者、董事会、经理层被要求更为精确、快捷、全面地披露股票交易信息，可以使外部投资者或机构投资者立即做出反应。

（4）更加重视银行社会责任的实施。目前，公司治理理念正由股东至上向利益相关者治理转化。银行不仅要对股东负责，还要对政府、社区、客户、员工的利益增值负责，尤其要注重绿色金融建设的发展，确保生产安全、遵守商业道德、保护劳动者的合法权益、节约能源等。美国29个州目前在州公司法中明确提出应重视利益相关者的利益，许多西方银行已经将利益相关者治理确立为自己的治理目标。

3.7 本章小结

本章分析了英美治理模式、德日治理模式、东南亚治理模式、转型经济治理模式的特征及差异，并在市场流动性、产权结构、监督机制、治理理念、两权分离、适用区域上进行了比较，描述了目前商业银行公司治理的发展趋势。

第四章　中国银行业公司治理的演进与产权特征分析

4.1　中国银行业公司治理的历史演进之路

中国银行业公司治理的演进之路分为两个方向：一个是四大国有商业银行的公司治理演化，另一个是传统股份制银行的公司治理演化。在现有的16家上市银行中，既包括4家传统意义上的国有商业银行，也包括12家股份制上市银行。

4.1.1　国有上市银行公司治理的历史演进

上市的四大国有银行脱胎于传统的国有商业银行，近年来虽然引入了境外投资者，但国有股仍牢牢占据支配地位，因此，在新的文献中往往称之为“四大上市银行”或“四大国有股银行”。

1978年改革开放之前，四大国有商业银行更像行政机构，商业氛围较弱，是政府财政的“出纳”，只作为资金汇集的场所。因此，那个时代并不存在真正意义上的商业银行，公司治理更是无从谈起。1978年改革开放之后，在经济需求的拉动下，四大国有商业银行在治理结构和治理模式上开始发生变化，纷纷独立于人民银行，从行政型向商业型过渡，成立了中国工商银行、中国农业银行、中国银行和中国建设银行，而人民银行成为行政管理机构。同时，又设立了一批新的商业银行。人民银行的职能是对这些商业银行进行专业管理。

国有商业银行公司治理的改革一般以1995年为界，分为两个阶段：前一阶段是行政式治理，而后一阶段是公司化治理。在1995年，我国颁布了《中华人民共和国商业银行法》，是我国商业银行公司治理的分水岭。

在行政型管理模式下，四大国有独资商业银行仍未摆脱行政附属单位的地位，资本经营仍旧受控于政府，独立性较低，在机构管理上仍旧纳入国家行政管理体系，政府与银行仍是行政隶属关系。在那个时代，四大商业银行的行长直接由国务院任命，是地地道道的政府官员，享受对应的行政级别。分行行长和支行行长也对应于相应行政级别的政府官员，需要与上级行领导与地方政府官员同时协调工作。四大国有独资银行的运营严重受到政府的约束和干扰，结果带来大量不良资产。由于银行各级行长的监管由政府部门实施，社会监管的职能根本不存在，因此，监督机制很不健全。

1995 年，《中华人民共和国商业银行法》实施之后，四大国有独资商业银行开始实施公司化治理，逐步从行政化治理向公司化治理转变。我国政府将银行的经营权直接授给经营者，赋予银行一定程度的法人财产权，将市场竞争机制初步纳入银行运营机制。作为所有者，国家只享受投资收益。由于产权虚置，银行法明确规定国有独资银行不设立 股东大会，由人民银行、财政部、银行业监督委员会等金融监管机构行使股东大会的部分职能。这样，四大国有独资银行初步具备了现代公司治理结构的特征。

自 20 世纪 90 年代中期开始，我国银行业公司治理的改革存在着四大举措，当然主要针对于国有独资银行：一是实施国家专业银行的商业化改革，将原先政策银行的业务剥离，成立了新的三家政策性商业银行。国家对四大商业银行的业务干预开始减弱，四家商业银行开始了同质化运作，业务分工越来越模糊，差异化越来越不明显。二是 1998 年国家对四家国有独资商业银行进行资本金充实改造，财政部发行了 2700 亿元的特别国债，用于补充四家国有独资银行的资本金。三是 1999 年实施了不良资产剥离改革，将四家国有独资银行历年来累积的 1. 4 万亿元不良资产进行剥离，委托给四家新成立的国有资产管理公司进行管理。这四家国有资产管理公司分别是华融资产管理公司、信达资产管理公司、长城资产管理公司、东方资产管理公司。此后，四大国有独资商业银行的资产质量得到了明显的改进。四是2003年底国家动用了450亿美元的外汇储备，由中央汇金公司对中国银行和建设银行两大商业银行进行注资。同时，引进了境外投资者，进行了必要的财务重组。

2005年10月27日，中国建设银行在香港上市，开辟了四大国有独资商业银行在资本市场上市的新的一页。随后，其他三大国有独资商业银行也先后在沪深、美国、中国香港地区上市。

4.1.2 股份制上市银行公司治理的历史演进之路

股份制银行是我国银行业的一支重要力量，是对四大国有商业银行的补充。在四大国有商业银行实施股份制改革之时，股份制商业银行也在积极寻求上市之路。1987年，我国第一家股份制商业银行——交通银行成立，标志着我国股份制银行发展的开端。随后，由于地方经济发展的需要，相继成立了中信实业银行、中国光大银行、华夏银行、广东发展银行、中国民生银行、福建兴业银行、上海浦东发展银行、深圳发展银行、浙商银行等16家股份制商业银行。

股份制商业银行建设的主要目标包括两个方面：一是在四大国有商业银行之外再设立多个银行主体，形成多主体竞争的局面，以逐步提高我国银行业的服务能力，提高我国银行业的服务质量；二是在股份制商业银行内部形成法人治理结构，发挥董事会、监事会、经理层权力制衡的作用，减少政府机构对银行经营的干预，降低内部人控制，充分发挥银行机构服务于经济发展的作用。

从目前发展的情况来看，股份制商业银行设立的第一个主要目标已经基本实现，但第二个目标远未达到。在我国信贷市场上，由于银行主体逐渐增多，竞争程度逐渐激烈，迫使各个银行主体不断改进服务方式、更新服务理念、挖掘服务潜力，从而更好地发挥银行的职能。但是，由于股份制商业银行仍属于公有产权的性质，导致董事会、监事会、经理层的职能未能得到充分发挥，公司治理的功能受到束缚。尽管股份制商业银行初步实现了所有权和经营权的分离，推行了资产负债比例管理，实施了风险管理，但是，并没有达到公司治理的预期目标。

股份制银行自设立以来，一直被认为是我国银行业最具有竞争力的银行。但从目前来看，由于公司治理中存在着一系列问题，如产权结构不合理、行政干预太大、权力制衡机制薄弱等，阻碍了银行竞争力的持续提升。

4.1.3　我国上市银行公司治理的未来研究之路

我国上市银行一般被归属于转轨治理模式，但是与东欧、前苏联等国家和地区的转轨模式又存在着较大的差异。目前，我国上市银行的公司治理模式仍需变革，但最终究竟采取哪一种模式，或者采取哪几种模式的组合，目前并没有清晰的思路，只能在实践中逐步探索。我国上市银行治理模式的选择，不仅要吸收英美模式、德日模式、东南亚家族模式的优点，还要立足于中国现有的政治、经济、文化环境。

股权结构调整是我国上市银行公司治理改革的一个重要方向。目前，无论是国有上市银行，还是股份制上市银行，国有产权或公有产权均占据绝对的控股地位，这非常不利于治理结构的优化，加重内部人控制。因此，在股权结构改革中，应加大对境外投资基金的引入，形成股权结构多元化的局面。当然，境外投资者和境内机构投资者在银行中的股权比例是逐步上升的，不能一蹴而就。同时，也要避免受制于人的弊端。

行政干预是我国上市银行治理的一个重要特色，从长远看，这不利于商业银行治理机制的改进和优化。目前，董事长及董事会成员任命、监事会主席及监事会成员任命、行长及副行长任命、独立董事任命，基本上都是行政指派的结果，缺乏竞聘机制的筛选。同时，银行高管与政府机构之间存在着千丝万缕的联系，直接影响到公司治理的结果。如果我国上市银行行政干预一直保持目前的局面，则公司治理不可能有实质性的改善。

4.2 中国上市银行产权特征与股权结构特征分析

4.2.1 中国上市银行产权特征分析

无论是国有上市银行，还是股份制上市银行，我国上市银行的产权问题目前存在着以下特征：

（1）政府基本上是上市银行产权的唯一主体。我国上市银行的真正产权属于全体公民，由公民委托政府进行管理，国务院可以代表政府行使产权的委托功能。显然，这种形式的委托—代理关系，是在产权虚置和产权错位下形成的，并不是真正意义上的委托—代理，这往往加大代理成本，引发内部人控制。

（2）上市银行的产权具有不可分割性。尽管我国上市银行的产权属于全体人员，但不可以进行分解，落实到每一个人。如果这样，国有资产的功能和效率将损失殆尽。因此，上市银行的产权只有维持一个整体，才能发挥银行资本的作用。但是，与西方上市银行不同的是，我国上市银行缺乏一个人格化的代表，从而使公司治理失去了原貌。

（3）上市银行产权的非排他性。非排他性包括两个方面，即使用权的非排他性和收益权的非排他性。前者是指每一个个体均可以享受上市银行的金融服务权，后者指上市银行的收益应由全体公民占有。

（4）剩余索取权的不可转让性。上市银行的产权属于国家，但是，却有多家政府机构是银行的委托人。在这些机构中，上市银行产权的转移缺乏意义，即如果在国资委、财政部、人民银行之间进行产权转移，对公司治理的改进基本上没有什么影响，反而会带来危害。即使实施了内部转移，最终的风险仍旧由国家承担。

（5）由于产权虚置，极易导致“公共地悲剧”。根据科斯定理，在产权界定不清的前提下，公共资源就会遭到过度开发，导致公共资源的效率直线下滑，这就是“公共地悲剧”。对于上市银行而言，由于金融资源的稀缺性，在理性经济人的引导和机会主义的支配下，各方利益主体均会不择手段地争夺有限的信贷资金，最终导致信贷规模的盲目扩张和信贷资源的无效配置。

4.2.2　中国上市银行股权结构特征分析

我国上市银行公司治理已经走过十余年，股权结构不断发生变化。目前，股权结构显示出以下特征：

1. 股东性质多元化

21 世纪以来，股权多元化在国有上市银行的推进较为明显。工商银行、中国银行以及建设银行相继引进了战略投资者，并成功在国内外资本市场上市，初步实现了股权多元化。但是，由于战略投资者的股权比例比较低，因此，前十大股东中仍然以国家股为主，由财政部或汇金公司持有。目前，在这三大银行中，国家股分别占到 71.35%、69.45%、64.32%。在这一点上与西方银行的两种股权结构均存在着差异，尤其是不同于市场导向型投资基金高度分散的情形。可见，国有商业银行虽然实施了股权多元化，但政府对银行仍然具有绝对的控股权，在股权市场的流动性偏弱。

同时，股份制商业银行的情形也大致如此。兴业银行、浦东发展银行、宁波银行、南京银行的第一大股东均为国家股，背景为地方政府财政机构，是相对较大的控股股东，而法人股的股权较为分散。可见，这些具有地方政府背景的商业银行通过改制成为上市银行之后，地方政府仍然保持了相对控股的地位。

2. 股权集中度有较大差异

按照国际银行业的惯例，中国上市银行的股权集中度可分为三种类型：高度集中型、相对集中性和股权分散型。高度集中型的银行包括中国工商银行、中国银行、中国建设银行、中信银行等，前十大股东持股比例均超过 90%，并且存在着一个绝对控股股东。相对集中型的银行包括交通银行、兴业银行、深圳发展银行，存在一个相对较大的控股股东，同时还存在着另外几个大股东。股权分散型的银行包括民生银行、招商银行、北京银行、华夏银行、宁波银行、南京银行，前十大股东的持股比例较为均匀。

3. 股权制衡度存在较大差异

在公司治理中，股权制衡度一般是由第一大股东与第二大股东持股比例之差得出。在我国商业银行中，股权制衡度较高的银行包括北京银行、兴业银行、民生银行、宁波银行、招商银行、南京银行、华夏银行；股权制衡度较低的银行包括工商银行、中国银行、中国建设银行、中信实业银行等。

根据中国上市银行的股权结构可知，各级政府独资的商业银行经过改制上市后，国家仍为第一大股东，同时，大部分股份制商业银行上市后，法人股为第一大股东。不过，与德日模式不同的是，我国上市银行之间不存在交叉持股的现象，也显著区别于以各类投资基金为主体的英美股权分散式的市场导向型模式。此外，只有民生银行的股权结构高度分散，类似于市场导向型模式。总体而言，中国上市银行的股权结构呈现出多元性和差异性，难以用英美式或德日式等某一种模式来概括。

4.3 本章小结

本章叙述了我国上市银行公司治理演进的路径，包括四大商业银行和股份制商业银行的股份制改革及上市进程，进而分析了我国上市银行的产权特征和产权结构特征，为我国上市银行治理机制的深入分析做好了铺垫。

第五章　我国上市银行董事会治理效应研究

5.1　上市银行董事会治理的效应及趋向

2006年，巴塞尔银行委员会在《加强银行公司治理》中稳健公司治理原则的第一条指出："董事会成员应担当起所负的责任，能够清楚理解在公司治理中的角色，并有足够的能力对银行的各项事务做出正确的判断……董事会对银行的经营和财务的稳健性负最终责任。"

董事会是银行所有者与经理层之间杠杆的支点，可以在少数的管理人员与为数众多的股东之间维持权力平衡。在银行的实际运作中，董事会的两大职能是战略管理与经理层监督。代理成本理论是董事会职能的理论基础，认为董事会可以实现对内部人控制的制约，通过董事会的良好运作，可以有效降低银行的代理成本。当银行管理层的利益与股东的利益发生冲突时，董事会可以抑制或约束管理层的机会主义行为。信息成本理论也是董事会职能的理论基础，认为董事会具有收集、处理和传递银行信息的职能，通过对董事会结构的调整，可以将信息成本降至最低。

一般而言，商业银行的董事会应选择与行业特征相适应的规模，不仅有利于董事会成员之间的相互沟通，也有利于银行决策与监督过程中所需要的各种专业能力的发挥。同时，在董事会组建中，应匹配好执行董事与非执行董事的比例，以利于各自职能的发挥。基于银行业高风险的业务特性，银行业董事会的责任要高于其他行业，尽责的范围也应该更为广泛。巴塞尔委员会指出，银行董事应该承担持续的经营责任，发展和维护一套详细而广泛的监督信息系统。

上市银行公司治理是银行创造力培育的源泉，在现代金融环境下，银行公司治理被托举到较高的地位，远超于银行企业管理，这是金融市场演化的必然结果。在银行公司治理中，董事会治理具有举足轻重的作用，因为在传统的公司治理结构中，董事会均处于核心的地位。董事会一方面是上市银行经营发展的决策中心，另一方面也是银行各类股东利益保护的执行中心，产生于银行股权分散化的过程之中。从产权角度来看，董事会一方面是银行股东的受托者，另一方面也是股东和管理者之间权力和责任的平衡者。

上市银行董事会治理是上市银行公司治理的核心内容之一，在银行公司治理中一直占据主体性的地位。无论在理论和实践上，上市银行董事会治理对整体公司治理成效均具有举足轻重的作用。近年来，关于上市银行董事会治理的研究也如雨后春笋、遍地开花，涉及到董事会治理的各个方向。宋增基、陈全、张宗益（2007）研究了上市银行董事会治理与银行绩效之间的相关性，发现我国上市银行股权结构的制衡能力较好，独立董事对银行绩效的成长存在着微弱的促进作用，且银行董事会的监督功能有所弱化。潘敏、李义鹏（2008）基于美国银行业的样本数据检验了商业银行董事会治理特征与运营绩效之间的关系，发现美国商业银行董事会的规模普遍大于非金融企业，且外部董事的比例也较高，董事会规模和银行绩效之间存在着倒 U 形的关系，但外部董事的比例对银行绩效缺乏显著的影响。李志国、张春雨（2009）研究了商业银行董事会治理对财务质量的影响，发现董事长和 CEO 两职合一可以降低银行风险的发生，董事会的独立性对银行财务质量存在着不显著影响，而银行的资产规模、资产质量和财务杠杆对银行财务变化存在着显著的影响。朱博文、程子奇（2013）研究了银行董事会对银行贷款和货币政策的影响，发现董事会规模和独立性差异影响了银行贷款行为对货币政策冲击的反应，董事会规模越大、独立性越高的银行，对货币政策的反应越迟钝，董事会的功能没有得到充分发挥。陈守东（2013）研究了公司治理对银行运营稳健性的影响，发现董事会组织结构和运作效率对银行稳健性存在着显著的影响，且组织结构对银行稳健性在第一期产生较小的正向促进作用，但不具有长期性的影响，而董事会运作效率对当期和未来的稳健性均可产生正向促进作用。

现有的研究探讨了上市银行董事会治理对银行绩效的影响、董事会治理对财务质量的影响、董事会治理对贷款政策的影响及董事会治理对银行组织结构的影响等，涉及到董事会研究的诸多方面，但是，没有过多地考虑外部治理和外部因素对董事会治理效应的影响，没有有效地揭示上市银行董事会治理的内部机理。因此，考虑外部公司治理与外部因素的董事会治理研究具有一定的价值和意义。

5.2　研究模型的设计

董事会治理是公司治理的六大要素之一，董事会的职能主要包括两个方面：一是负责公司长期发展战略的制定和实施，二是协调股东和高层管理者之间的利益冲突。在英美国家，董事会的职能被分解到若干个专业委员会中，如投资和战略发展委员会、执行委员会、财务委员会、审计委员会、薪酬委员会等，在我国，董事会没有设立专门的委员会，所有的董事会成员作为一个整体共同承担各项职能。

由于在体制和制度上，我国与西方国家存在着很大的差异，导致董事会治理特征也与西方有所不同。我国上市公司董事会治理一般出现的问题包括：个人权利凌驾于公司制度之上、董事长涉嫌盗用资金、隐瞒对公司不利的信息、没有辅助执行经营战略、利用关联交易掏空上市公司、高管人员造假、滥用管理层收购导致国有资产流失、恶意炒掉注册会计师及明显侵害中小股东的不公正分配。这些问题在不同程度上出现在我国上市银行公司治理机制中。

近年来，上市银行董事会治理的研究引起了我国研究者的关注，涌现了大量的研究成果。潘敏、李义鹏（2008）将上市银行董事会特征分为董事会规模、外部董事比例、董事会与总经理两职合一、次级委员会设置合理性、外部董事兼职状况、董事会会议频率、董事会成员持股比例等要素。李志国、张春雨（2009）在研究董事会治理对银行财务质量影响时，认为董事会特征包含董事会规模、独立董事比例、董事会成员股权比例、董事长与 CEO 是否两职合一等因素。张娜、关忠良、郭志光（2011）在研究上市银行董事会特征与银行绩效关系时，采用了董事会规模、独立董事在董事会中比例、董事会议年均次数、董事长与总经理职位合一、女性董事会比例等变量来描述董事会的特征。陈守东（2013）在研究上市银行董事会治理对银行稳健性的影响时，将董事会特征归纳为董事会组织结构和董事会运作效率两个变量，但包含了董事会规模、独立董事比例、董事会领导结构、董事会会议次数、专业委员会设置等要素。宋增基、袁茂、徐叶琴（2007）在研究中国上市银行董事会的运行效率时，认为董事会运行效率的影响因素包括两职分离、董事会规模、第一大股东持股比例、银行实际控制人的国有或民营性质、银行资本结构、独立董事比例、独立董事任职年限与总经理任职年限的比值、银行网点数、第一大股东和第二大股东持股比例的比值。

我国是转型经济国家，公司治理被列入转型治理的类型，与英美治理模式、德日治理模式、东南亚家族企业治理模式均存在着较大的差异。在这种环境下，诸多外部性的治理因素也需要被考虑在治理体系之中。在政治关联上，西方研究者在研究董事会政治关联时，一般认为董事会政治关联是董事长在政府部门的任职背景，但在中国公司治理机制中，情况要复杂得多，不仅包括董事长的政府任职背景，也包括政府对企业的行政性干预，还包括各种若隐若现的寻租行为。这些复杂型政治关联现象，在中国上市银行业尤为普遍。

董事会政治关联的测度在其他行业中也曾出现，为上市银行董事会处理政治关联的因素提供了借鉴。殷枫（2012）认为董事会成员曾经或现在党委、纪委、政府机构、人大、政协、法院、检察院等部门任职，或者曾在四大国有商业银行、国有控股银行任职，均可视为存在政治关联。肖作平、苏忠（2009）认为，中国企业的董事会均具有政治关联的特征，一般而言，在 9 个人组成的董事会中，具有政治关联背景的董事成员占 32.5%。

我国上市银行均属公有制银行，或者公有股权占据绝对控股优势的银行，因此，董事会政治关联的特征也与其他行业有所不同。陈银博、宋清华（2012）认为，我国商业银行董事的政治关联分为隐性和显性两种状态，前者是指银行董事由政府部门委派，且曾在政府或政府部门任职，这种政治关联是我国上市银行政治关联的主要形态，后者指随着我国银行业多元化程度的加深，民营控股银行的董事或高管凭借其个人资历、背景、经济实力当选为各个级别的人大代表或政协委员。

中国上市银行业政治关联的复杂性、隐秘性、敏感性也为公司治理中政治关联的研究带来不便和障碍。目前，针对中国上市银行董事会政治关联的研究尚不存在或缺乏完整性和可信性。现有的董事会政治关联的研究主要是基于一般类型公司治理展开的，且在研究设计上过多地借鉴西方公司治理政治关联的测度方案，因而很难合理地应用于我国上市银行领域。由于中国并非是完全市场经济的国家，市场有效性较低，公司治理中存在许多寻租行为，因此，也很难完全对我国上市银行董事会治理中的政治关联进行准确地测度。在这种情况下，最佳实施策略是最大程度地萃取董事会治理中的政治关联成分，力争在现有的研究平台下达到最优研究效果。

根据以上分析，考虑到上市银行样本量的影响，本书将董事长政治关联作为上市银行董事会政治关联的测度因素，即董事长如果曾经或现任各级政府、人大、政协、金融监管机构的职务，就认为董事长存在政治关联。在我国上市银行中，董事长政治关联是一个较为普遍的现象，对董事会治理的影响也被金融界所公认。在政治关联的视角下，结合以上研究成果的分析，本书认为董事会治理的主要影响因素包含董事长与总经理是否两职合一、董事会规模、独立董事比例、董事会次数、董事长任职时间五个因素。

上市银行公司治理的总体目标就是促进上市银行竞争力的提高，因此，董事会治理不仅对整个银行公司治理存在促进作用，也对银行发展战略、人力资源管理、风险管理、盈利能力、流动性、产品和服务、市场影响力等核心竞争力影响因素存在促进作用。因此，在本书中，选择上市银行公司治理效应、市场影响力和盈利能力三个要素作为董事会治理效应的检验目标。

根据以上分析，我国上市银行董事会治理效应研究模型设计如下式所示。

$$gove = \beta_0 + \beta_1 poli + \beta_2 zhen + \beta_3 comb + \beta_4 size + \beta_5 rate + \beta_6 numb + \beta_7 time + u$$

$$mark = \beta_0 + \beta_1 poli + \beta_2 zhen + \beta_3 comb + \beta_4 size + \beta_5 rate + \beta_6 numb + \beta_7 time + u$$

$$prof = \beta_0 + \beta_1 poli + \beta_2 zhen + \beta_3 comb + \beta_4 size + \beta_5 rate + \beta_6 numb + \beta_7 time + u$$

表 5-1 模型变量及系数信息描述

变量名称	变量符号	变量性质	对应系数	系数预期符号
董事长政治关联	poli	解释变量、二分变量	β_1	（+/-）
董事长行政任命	zhen	解释变量、二分变量	β_2	（+/-）
两职合一	comb	解释变量、二分变量	β_3	（+/-）
董事会人数*	size	控制变量	β_4	（+/-）
独立董事比例	rate	控制变量	β_5	（+/-）
董事会次数**	numb	控制变量	β_6	（+）
董事长任职时间	time	控制变量	β_7	（+）
公司治理效应	gove	被解释变量	—	—
市场影响力	mark	被解释变量	—	—
盈利能力	prof	被解释变量	—	—

注：（+）表示正相关，（-）表示负相关，（+/-）表示不确定。

*表示根据《中国商业银行竞争力报告2014》第81页“全国性商业银行董事会与监事会结构”中内容可知，我国上市银行董事会人数分布是13~19人，如中国银行最少，是13人，平安银行最多，是19人，而交通银行、民生银行、浦发银行、华夏银行次之，是18人，与李克特7点量表的数量级比较接近。鉴于此，在本模型设计中，直接采用董事会人数作为自变量，而没有转化为7点量表制，这是上市银行业董事会规模数据采集较为特殊的地方。

＊＊表示根据《中国商业银行竞争力报告2014》第82页“董事亲自出席会议率”可知，中国上市银行董事会次数分布是6～19次，如华夏银行最少，是6次，中国银行最多，是19次，与里克特7点量表的数量级较为接近，因而可以该变量的取值可以直接采用董事会的次数为变量值。

表5－2　变量定义表

变量名称	操作性定义及变量值
董事长政治关联	董事长是否曾经在政府部门任职，是则取值1，否则取值0
董事长行政任命	董事长的任命如果偏重于行政指派，则取值为1，如果偏重于内部推举，则取值为0
两职合一	董事长和行长是否由一人承担。是则取值为1，否则取值为0
董事会人数	董事会总人数，包括内部董事和独立董事
独立董事比例	独立董事人数占董事会总人数的比例
董事会次数	董事会每年召开的平均次数
董事长任职时间	董事长在任及继任的总时间，单位是年
公司治理效应	上市银行公司治理的整体效果
市场影响力	上市银行在我国金融市场上的影响力
盈利能力	上市银行的盈利能力

5.3　模型检验

5.3.1　样本数据来源

本研究拟以我国16家上市银行的相关信息作为样本数据，数据源包括如下各个出处：①SCMAR数据库；②Wind数据库；③中国上市银行2014年度的年报和季报；④由史英哲、王胜春编著、清华大学出版社出版的《中国上市银行年报分析（2014）》；⑤由王松奇主编、社会科学文献出版社出版的《中国商业银行竞争力报告（2014）》；⑥由高明华、苏然著、经济科学出版社出版的《中国上市公司董事会治理指数报告》；⑦根据本课题组访谈资料整理；⑧根据其他各种公开资料整理。

5.3.2 变量取值说明

在本书中，虚拟变量的取值根据公开资料的综合判断、再由银行业的资深人士确认而得到，一般变量的取在公开统计数据的基础上，由归一法转化为7点量表而得到，或者直接应用原始数据。此后，部分缺失数据再进行调查补充。具体取值说明如下：

（1）政治关联虚拟变量的取值主要根据各种公开报道的资料汇集而成。

（2）董事长的行政任命倾向或内部推举倾向的判断，主要根据董事长个人背景、社会关系、从业从政履历等公开信息进行综合判断，然后再聘请权威专家确认。

（3）两职合一虚拟变量的取值主要根据上市银行的年报和其他公开资料综合而成。

（4）董事会人数以《中国商业银行竞争力报告（2014）》中“全国性商业银行董事会与监事会结构”中提供的数据为准，但南京银行、北京银行和宁波银行的数据取自2014年度中国上市银行年报。

（5）董事会人数以《中国商业银行竞争力报告（2014）》中“全国性商业银行董事会与监事会结构”中提供的数据为准，但南京银行、北京银行和宁波银行的数据取自2014年度中国上市银行年报。

（6）独立董事比例以《中国商业银行竞争力报告（2014）》中“全国性商业银行董事会与监事会结构”中提供的数据为准，但南京银行、北京银行和宁波银行的数据取自2014年度中国上市银行年报，然后，通过归一法转化为7点量表。

（7）董事长任职时间的取值根据上市公司年报及其他各种公开资料整理而成。

（8）公司治理效应、市场影响力、盈利能力的取值根据《中国商业银行竞争力报告（2014）》中“2014年中国商业银行竞争力评价结果”的评价数据，通过归一法再转化为7点量表而成。

5.3.3　样本特征分析

样本的变量特征描述如下表所示。

表 5－3　变量的描述性统计分析

变量	最小值	最大值	平均值	中位数	标准差
董事长政治关联	—	—	—	—	—
董事长行政任命	—	—	—	—	—
两职合一	—	—	—	—	—
董事会人数	13	19	14.75	15	4.66
独立董事比例	1	7	3.75	4	2.22
董事会次数	6	19	9.92	7	5.18
董事长任职时间	1	9	4.76	5	3.12
公司治理效应	1	7	4.12	4	2.09
市场影响力	1	7	3.76	4	1.98
盈利能力	1	7	3.90	3	2.81

数据来源：①《中国商业银行竞争力报告（2014）》；②《中国上市银行年报分析（2014）》。

根据基础数据，利用 Spss 软件，得 Pearson 检验系数如下表所示。各变量之间的相关系数普遍不高，可见，研究模型不存在多重共线性的问题。

表 5－4　Pearson 相关系数

	董事会规模	独立董事比例	董事会次数	任职时间	公司治理效应	市场影响力	盈利能力
董事会人数	1.000						
独立董事比例	0.241	1.000					
董事会次数	0.343	0.213	1.000				
董事长任职时间	0.186	0.071	0.071	1.000			
公司治理效应	0.361	0.382	0.335	0.260	1.000		
市场影响力	0.110	0.088	0.482	0.292	0.444	1.000	
盈利能力	0.092	0.297	0.314	0.463	0.468	0.592	1.000

5.3.4 回归分析

基于样本数据，在样本特征分析的基础上，借用于 Eviews 软件，分别对研究模型进行检验，得回归分析结果，如下表所示。

表 5-5 回归检验结果

银行竞争力＊＊＊＊			
变量	公司治理效应 gove	市场影响力 mark	赢利能力 prof
董事长政治关联 poli	0.0806 (3.8721＊＊)	0.0706 (4.1976＊)	0.0885 (2.1876＊)
董事长行政任命 zhen	-0.0701 (3.448＊)	-0.0309 (0.0762)	-0.0555 (5.120＊＊)
两职合一 comb	0.0971 (7.1716＊)	0.1201 (3.4351＊)	0.1320 (2.1409＊)
董事会人数 size	0.0321 (1.7651)	0.0123 (0.8717)	0.0221 (0.0671)
独立董事比例 rate	0.0431 (18.1980＊＊＊)	0.0564 (7.7609＊)	0.0761 (1.6541)
董事会次数 numb	0.0870 (3.4311＊＊)	0.0120 (0.7609)	0.0398 (10.1022＊＊)
董事长任职时间 time	0.0365 (1.7609)	0.0865 (4.6567＊＊)	0.0185 (0.5465)
R^2	0.321	0.298	0.286
ΔR^2	0.01	0.004	0.005
Adjusted R^2	0.322	0.302	0.291
Adjusted F 值	176.18	156.98	98.10
P 值（总体显著性水平）	＊	＊＊	＊＊＊

注：＊表示 $P<0.05$；＊＊表示 $P<0.01$；＊＊＊表示 $P<0.001$；$N=16$。

＊＊＊＊表示在由王松奇教授主编的金融蓝皮书《中国商业银行竞争力报告》中，在附录中给出了“中国商业银行竞争力评价结果”，将上市银行核心竞争力分为七个要素：公司治理、发展战略、风险管理、人力资源、信息科技、产品和服务、市场影响力，不仅对 16 家上市银行核心竞争力进行了综合排名并给出分值，也对七个核心竞争力要素进行了排名并给出分值。在“全国性商业银行财务评价排名中”，将财务实力分为总资产、风险、资本、盈利、流动性五个要素，不仅对 16 家上市银行的综合财务实力进行了排名并给出分值，也对五个财务实力要素进行了排名并给出分值。在本书模

型中，因变量数据的采集主要根据《中国商业银行竞争力报告》披露的公开数据经过转换而成。

5.4 结论分析与策略改进

5.4.1　检验结论的分析

根据检验结果可知，上市银行董事会治理对银行竞争力的成长产生了一定的促进作用，其中，两职合一的促进效应最为明显，独立董事比例、董事会次数的效应次之，董事长任职时间的效应又次之，而董事会人数对银行竞争力缺乏促进效应，同时，以董事长政治关联为主要标志的董事会政治关联对银行竞争力的形成也产生了显著的促进作用，可见，在我国上市银行中，政治关联是董事会治理中不可忽视的因素。具体而言：

（1）董事长政治关联对上市银行公司治理、市场竞争力和盈利能力的改进和形成均产生明显的促进作用，可见，在我国上市银行董事会治理中，政治关联呈现“帮助之手”的效应，有助于银行绩效的提高。金融业是国民经济的命脉，而银行业是金融业的主体，在我国这样一个非完全市场经济的国家，在上市银行公司治理中，董事长的政治背景对银行的整体发展存在着举足轻重的作用。

（2）董事长行政任命对上市银行公司治理、市场竞争力和盈利能力的改进均存在着阻碍效应，可见，行政任命不利于上市银行董事长监督职能的行使。根据公司治理的要义，董事长及董事会成员由股东大会选举，代表全体股东的利益，行使对管理层监督的权利，西方商业银行董事长及董事会成员的产生均依据这一路径。但是，在我国现有的政治制度和经济体制下，无法做到这一点。

（3）董事长和总经理两职合一对上市银行的公司治理、市场影响力和盈利能力均产生了正向的推动作用，可见，在中国现实的经济和金融环境下，董事长和总经理的两职合一有利于上市银行的成长。根据李维安教授的观点，中国上市公司治理存在着浓重的“政府治理”的特征，不能完全照搬西方社会的治理经验和方法。尽管两职合一在传统公司治理体系中饱受诟病，但在中国公司治理中存在着茁壮的生存环境。

（4）董事会人数对上市银行的公司治理效应、市场影响力和盈利能力均未产生明显的促进作用，即对银行竞争力的成长作用不大，可见，我国上市银行董事会存在着一定的虚置性。目前，在上市银行董事会中，独立董事一般占1/3，内部董事占2/3。由此可见，内部董事的存在仅是一个数字，除董事长和副董事长之外，其余内部董事很可能处于职务游离状态，并没有真正实施董事的职责。

（5）独立董事比例对上市银行公司治理、市场影响力的改进和成长存在着明显的促进效应，但对银行盈利能力缺乏促进作用。可见，独立董事制度的设置在我国上市银行中产生了积极的作用，但有待完善和提高。自21世纪初证监会限定上市公司设置独立董事制度以来，我国独立董事一直被冠以“花瓶董事”的戏称，认为独立董事过于俯首贴耳，对董事会治理无足轻重。但是，这种现象在上市银行并非主流。

（6）董事会会议次数对上市银行公司治理和盈利能力的改进和成长存在着明显的促进作用，但对市场影响力的成长缺乏促进效应。可见，上市银行董事会会议频率呈现适度、有效、合理的状态，有利于董事职能的发挥。一般而言，上市银行董事会平均一个月或一个半月召开一次，基本适合于公司治理的进程。但是，董事会的议题设置不太全面，过分注重眼前利益，短期行为较为突出，不利于银行的长远发展。

（7）董事长任职时间对上市银行市场影响力存在着明显的促进效应，但对公司治理效应和盈利能力缺乏明显的促进作用。可见，董事长任职时间越长，对于创造良好的银行外部运营环境越有利，但对于自身业务能力的提升和银行内部运营机制的改进，效果不太明显。对于董事长连任问题，不仅要考虑银行外部环境的协调，即各种经济、政治、社会环境的协调，还要考虑内部变革，相互兼顾。

5.4.2　董事会治理改进策略

（1）在我国现有的金融环境下，上市银行董事长的聘任不仅要考虑西方传统公司治理所崇尚的因素，如专业背景、股权、履历、职业生涯等方面，还应考虑董事长的政治背景，将政治履历和生涯作为一个重要的参考因素。如果董事长具有较为丰富的政治经验，就会洞悉国家宏观经济、金融、财政决策的流程和要点，从而很容易使银行的战略目标与国家的宏观决策相一致，减少银行发展的阻力。当然，在董事长政治关联的识别上，由于中国社会政治体制存在着复杂性和多变性，不仅考虑董事长过去和现在的政治职务，这仅是表层的政治关联，还要考虑董事长深层次的政治背景，这在当代至为重要，包括红色家族、红色血缘、红色裙带等因素。

（2）按照西方公司治理的基本思想，董事长及董事会存在的目的是为了实现对经理层行为的约束。在我国上市银行的行政任命下，一方面无法遴选出高素质的董事会人员，另一方面董事长也缺乏对行长、副行长进行监督的本源性动力。因此，应尽快转变董事会成员行政任命的局面，改由银行内部推举，以银行员工的意见为主，发挥利益相关者治理的作用。这是在产权虚置状态下的一种较为现实的弥补措施。

（3）我国上市银行董事长的选聘要注重两职合一的积极效应，即可以在一定程度上实施自我激励的独特机制。目前，我国仅有少数上市银行实施了董事长和行长一人兼任的方式，正向效果比较明显。但是，这并不一定说明两职合一在我国所有的上市银行都具有普遍性。在实施两职合一时，要谨慎行事，在业务背景、政治关联、职业生涯、道德品行等方面均进行严格的审核后，才可以实施，否则，可能带来适得其反的效果。

（4）充分发挥内部董事的监督作用，提高董事会治理效率，进而提高银行竞争力。上市银行内部董事职能的缺失在很大程度上源于银行内部的官本位思想，等级分明，扼杀了董事会的民主气氛，导致除董事长外，其他内部董事形同虚设。内部董事不仅对经理层存在监督职能，对董事长也存在监督职能，这是公司治理的本源性思想。但是，由于我国上市银行存在着浓重的政府机构特征，弱化了内部董事的监督效应。

（5）进一步充分发挥独立董事的职能，挖掘独立董事的潜力，建立严格、公开、透明、竞争、合理、有序的独立董事聘任制度。在我国其他行业中，独立董事的效能普遍较低，主要原因在于选拔聘任机制的僵化，甚至暗箱操作、任人唯亲，但在上市银行中，独立董事一般都具有较高的社会声誉和较深的专业背景，选拔机制也较为科学，因而所产生的治理效应也较为明显。因此，上市银行独立董事制度的实施在各个行业中处于领先地位，应更加精益求精。

（6）合理界定上市银行董事会的议题，将短期行为和长期行为相结合、内部环境和外部环境相结合、企业效益和社会效益相结合，谋求银行的长远发展。根据上市银行多界董事会议题的分析，发现会议精神过多地专注于财务绩效，忽略了非财务绩效的影响，有悖于平衡计分卡的绩效测评思想。在现代企业中，企业的竞争力仅部分表现于财务资本，财务绩效和非财务绩效的成长是相辅相成的。

（7）在董事长连任问题上需要考虑银行外部环境协调与内部变革的融合性问题，再进行合理决策。一般而言，董事长连任有利于银行外部环境的保持、改进和利用，但不利于银行内部的变革，总之，董事长更换可能导致外部环境的退变、弱化和衰退，但可能在银行内部掀起激进式的变革。因此，在董事长连任问题上，上市银行要审时度势、全盘考虑、放眼未来、前后衔接，才能实现平稳、有序、递进的过渡。

5.5 本章小结

本章研究了上市银行董事会治理对银行公司治理及银行竞争力的促进效应，基于上市银行各类信息披露数据及调查数据，构建了相应的研究模型，并进行了检验，发现了董事会治理要素的优势及不足之处，然后结合上市银行公司治理的调查性认识，提出了上市银行董事会治理的改进策略。

第六章　我国上市银行独立董事治理效应实证研究

6.1　上市银行独立董事及实施的特征

独立董事治理虽不属于传统公司治理的六大要素之一，但也是现代公司治理的一个重要目标，其内容隐含于董事会治理的框架之中。独立董事（Independent Director）也称为外部董事，或者独立非执行董事，是指除董事身份及在董事会中的角色之外，既不在公司中领取薪水，也与公司没有实质性利益关系的董事。独立董事制度起源于美国，仿照大陆法系国家监事会的功能，旨在加强对内部人的监督和控制。由于独立董事能够参与董事会的内部决策，因而监督功能往往比监事会更为有效。

独立董事治理不同于传统意义上的董事会治理，因为独立董事的职能与其他内部董事存在着差异。我国公司治理中的独立董事制度是在传统公司治理的框架下逐渐衍生出来的，是对董事会治理的补充和完善。我国监管部门为了推动银行独立董事制度的发展，制定了较为详细的规定。2001 年 8 月，中国证监会颁布了旨在规范上市公司独立董事制度的指导意见，要求在 2003 年 6 月 30 日前，各上市公司均要实施独立董事制度，且独立董事成员在董事会成员中的比例不得少于 1/3。

在中国证监会的统一要求下，上市银行独立董事制度建设也很快步入正轨，普遍设置了独立董事，旨在推动上市银行公司治理的深化和完善。2002 年，人民银行颁布了旨在促进商业银行独立董事制度建设的指引。2004 年，我国启动了国有商业银行的股份制改革，主要目标是设立股东大会、董事会和监事会，包括设置独立董事，并引入战略投资者。2005 年至 2006 年，银行会连续发布多项监管指引，对独立董事制度的改进提出了一系列的新要求。

独立董事治理的研究在国内外一直受到关注，但是，几乎所有的研究都摈弃了银行样本，因为商业银行独立董事的研究具有一定的特殊性。自 2003 年我国上市公司普遍实施独立董事制度以来，上市银行独立董事制度的效率问题就成为一个关注焦点。常规的观点是，包括上市银行在内的我国独立董事制度没有产生实质性的作用，独立董事的行为特征是“对外独立、对内董事”，因而演变为“花瓶董事”“天价董事”，但是，这种论断也不是绝对的。在某个方向或某个区域，独立董事制度还是发挥着一定的作用，存在着改进的空间。尽管由于受到产权、制度、体制的约束，我国上市银行独立董事制度的功能受到抑制，但并不能就此否定独立董事制度的存在性。

目前，我国上市银行独立董事的任命大部分是行政指派的结果，甚至任用了一些与银行业务并不相关的人员，但也有部分独立董事的任命带有市场竞聘的特征，经过董事会的考核而选聘。西方独立董事的研究主要包括独立董事聘任、独立董事激励、独立董事与监事的关系、信息制度设置等方面，但在我国，由于产权、制度和体制上的特殊性，独立董事制度的研究必然考虑政府性或政治性因素的影响。独立性是独立董事的生命线，但我国上市银行的独立性是受到多方制约的。

银行独立董事与银行内部董事、监事会成员、经理层等其他高管在利益特征上存在着区别，主要体现在受公司业绩和声誉的约束差异上。银行独立董事虽然由银行其他高管推荐，但聘任之后，两者在经济利益上存在着明显的分歧，导致两者基于经济利益的行为动机存在着明显的差异。考虑履职经历对其市场声誉和社会地位的影响，独立董事的薪酬与公司业绩不存在根本性的联系。一旦银行运营出现问题，独立董事的声誉必然受损，在独立董事市场中的认可度也随之下降，从而给独立董事带来不良的影响，远远大于在特定期限内从特定银行所得到的收益。银行其他类型高管的收益特征与独立董事不同，与银行业绩高度相关，而较少受到声誉机制的影响。

我国并非一个完全市场经济的国家，西方公司治理理论在我国经济体系中实施的有效性一直备受争议。同样，独立董事的治理特征也不同于西方社会，存在着自己的特色。在这种情况下，银行独立董事治理的研究也逐渐浮出水面，形成银行公司治理研究的一个主流方向。刘宁静、邱文武（2003）分析了我国商业银行独立董事制度的现状及存在的问题，包括独立董事缺乏真正的独立性、独立董事制度和监事会制度存在冲突、独立董事在董事会中所占的比例过小、独立董事制度的缺位现象也比较严重。黄颖（2005）探析了股份制商业银行独立董事制度的完善方法，包括从制度上强化董事会中独立董事的运行机制、明确独立董事的职责和角色定位、建立合理的独立董事激励机制、建立独立董事的约束机制。宋增基、袁茂、徐叶琴（2007）论述了中国上市银行独立董事制度运行效率的改进问题，发现拥有金融背景的独立董事对银行绩效存在着明显的促进作用，同时发现，由于独立董事对银行内部信息缺乏透彻的了解，导致决策效率受到一定的限制。孙君阳、殷世波（2008）研究了中国上市银行独立董事制度创新的路径，认为可以由银行业监督委员会作为中小股东和存款人的代表向上市银行推选一名独立董事，为维护中小股东和存款人的利益提供便利，并阐释了独立董事制度在独立董事激励方面的积极作用。倪受彬、张明坤（2008）解析了国有上市银行独立董事制度的完善策略，比较了独立董事和外部监事的权能差异，提出了商业银行独立董事制度的改进方向。

现有研究探讨了我国上市银行独立董事治理的各个方向，包括独立董事的特征、独立董事的激励约束机制、独立董事的运营效率、独立董事制度创新的路径及完善策略等方面，具有一定的现实价值和意义，但是，现有的研究没有关注到独立董事的政治效应对独立董事整体的影响，因而不能完全贴近独立董事治理的现实特征。在我国现有的政治制度和经济体制下，上市银行独立董事政治关联和行政任命不仅发挥着特殊的作用，也与西方商业银行独立董事政治关联的路径和方式有所不同。

政治关联是政府权力干预和市场自我调节相冲突的产物，是政府干预市场的一种间接、隐蔽、渐进式的方式，在任何市场经济中均不可避免，随着经济环境的不同而呈现不同的特色。目前，政治关联是一个较为宽泛的概念，对政治关联内涵的探讨一直在进行。Faccio（2006）和 Fan（2007）将政治关联界定为公司的大股东、CEO、董事长、副董事长、董事会秘书或董事会成员曾在或现在在政府或议会工作，或者与政府官员、国会议员存在着“密切关系”，或者基于政治捐赠获得了“政治身份”。罗明新、马钦海（2011）认为，在中国，企业通过使其高管人员在政府兼职，或者与政府官员保持密切的接触，或者使企业高管成为人大代表、政协委员、政府官员来构建自身的政治关联。

公司治理中的政治关联，在某种程度上是政府与企业利益博弈的外在表现，在一些场合下甚至是个人利益博弈的舞台。郑石明（2008）认为，公司治理的变革与深化，归根结底是公司治理模式的设计与构建，对于从计划经济向市场经济转变的中国来说，如何分离政府与企业、界定政府的边界以及正确行使政府对企业和市场的监管职能和调控职能，是中国企业在公司治理中值得深究的问题。易平良（2013）探讨了政府充当不同利益相关者角色时对公司治理的影响，从政府角色转变的角度提出了公司治理的改善措施，包括推进生产要素配置的市场化、建设经理人市场、深化国有产权体制改革、深化政府职能改革等。

独立董事治理政治关联效应的研究在我国独立董事治理研究中并不常见，仅在一些行业中有所显现，但可以为上市银行独立董事治理中政治关联研究的展开和深化提供一些方法上的借鉴。郑路航（2011）以我国 A 股上市公司为样本，研究了独立董事的政治关联对公司绩效的影响，发现作为一种政治资源，独立董事的政治关联有利于增加企业的价值并提升企业的业绩，且这种促进效应在国有控股上市公司中更为明显。刘颖斐、陈亮（2015）研究了独立董事政治关联对公司治理的影响，探讨了独立董事政治关联与公司高管政治关联的差异，发现独立董事的政治关联倾向于使企业选择高质量的审计服务，而其他高管的政治关联却使企业选择低质量的审计服务。

上市银行独立董事政治关联的研究更为少见，仅钱先航、曹廷求

（2014）研究了商业银行董事会中的官员董事对银行审慎行为的影响，发现存在官员型董事的银行的审慎行为较差，且如果官员型董事的行政级别越高、年龄越大，则这种负面影响更明显。可见，对于我国上市银行独立董事治理而言，尚有许多未曾澄清和认识之处有待探索，而这些未知的效应对独立董事治理最终成效的影响是不可忽视的，有时甚至对独立董事治理的成败产生着关键性的作用。因此，全方位地探析上市银行独立董事治理的政治效应具有较高的现实意义和价值。

6.2　研究模型的设计

独立董事政治关联对企业异常的影响是显而易见的，但这是从短期的视角来考虑的，如政治关联公司可能支付较低的税收，可以获得政府的优惠政策与资金的支持，可以从银行获取优惠的贷款。当然，这些益处最终表现于企业的价值增值。不过，从长远看，政治关联可以导致企业过于依赖外部因素的支持，而不注重内部机制的优化和创新能力的培育，进而导致企业持久竞争优势的衰竭。在政治关系成为企业赢利因素的背景下，具有政治背景的独立董事可以利用他们对政府决策程序的了解和对政府未来宏观决策的预期来规划企业的战略发展方案，从而使企业受益。

根据代理理论，在银行管理层与股东之间存在着代理成本，必然影响到银行的运营业绩，而解决之策是构建和加强董事会的作用，通过董事会来降低代理成本。Fama（1980）认为，董事会在监督管理层方面可以连续发挥重要作用。Fama 和 Jensen（1983）后来又指出，如果在董事会中引进一部分独立董事，即独立于内部董事的外部董事，就可以进一步提高和强化董事会的监督职能。他们强调，独立董事一旦被董事会授权参与经理层的选拔、监督和奖惩，就可以明显减少管理层和股东之间的利益冲突，使管理层和股东两者的利益逐渐趋于一致。可见，在声誉机制的约束下，与银行关联度不大的独立董事可以更为客观地实施董事会的监督职能，以便进一步降低银行的治理成本。此外，Daily 和 Dalton（1993）认为，独立董事还可以依靠深厚的专业背景和广大的资源关系网，来帮助董事会提供战略决策的选择，进而提升银行的业绩。Agrawal 和 Knoeber（1996）针对于银行业的研究也得到了这样的结论。

独立董事治理效应受到多种因素的影响，对于上市银行而言，由于相关研究的缺乏，无法梳理出突出性的影响因素，但是可以从其他行业独立董事治理影响因素的研究中寻求支持。徐高彦（2011）基于沪深上市公司的样本数据检验了独立董事独立性和公司价值之间的相关性，发现独立董事独立性的提高有助于抑制异常关联交易的发生，且有助于提高公司的经济效益，同时，独立董事声誉、专业背景和独立董事比例对大额关联交易的抑制作用较为明显。唐跃军、徐飞（2007）检验了独立董事和中小股东保护之间的关系，发现当董事会设立审计委员会时，或者独立董事会会议次数越多时，累积投票制和网络投票制得到实施的可能性就越高。罗党论、徐璇、封煜（2007）以中国上市公司为例研究了独立董事薪酬形成机制，发现独立董事声誉、工作强度、公司支付能力和公司经营风险对独立董事报酬存在着显著的促进作用。张俊瑞、王鹏、贾宗武等（2010）基于中小企业板上市公司的数据研究了独立董事背景对公司价值的影响，发现独立董事教育程度、工作地与居住地一致两个要素与企业价值之间存在着显著的正相关关系，而独立董事年龄、性别、职称、专业背景、任期、身份等要素对企业价值不产生影响。

可见，在现有研究中，独立董事治理绩效的影响因素主要包括独立董事专业背景、独立董事比例、独立董事参会次数、独立董事的独立性、独立董事声誉、独立董事薪酬、独立董事性别、独立董事学历与教育背景、独立董事职称、独立董事年龄、独立董事居住地和公司所在地距离等。在本书中，结合上市银行独立董事治理的特征，同时考虑现有样本数量的约束，选择上市银行独立董事专业背景、独立董事人数、独立董事参会次数、独立董事独立性、独立董事声誉五个要素作为独立董事治理绩效的影响因素。

同样，上市银行独立董事政治效应的研究成果也较为匮乏，对银行业独立董事政治关联界定未曾出现，因而可以借鉴其他相关研究中独立董事政治关联的界定经验。郑路航（2011）在研究独立董事政治关联对公司业绩的影响时，将独立董事政治关联定义为独立董事曾经或现任政府、政协、人大等部门的职务，并认为，由于非官员背景的独立董事缺少强有力的政治话语权，因而其决策行为对企业所产生的政治影响力也较小，不足以影响外部施加于企业的政治行为。在本书中，可以将上市银行独立董事政治关联界定为半数或半数以上独立董事具有政府背景，即曾任或现任各级政府机构、金融监管机构、政协、人大或国际金融组织的职务，则界定该董事会中独立董事存在整体性政治关联。显然，这种现象在我国上市银行中较为常见。

上市银行独立董事治理机制的完善不仅提高了董事会治理效应和公司治理效应，也促进了上市银行核心竞争力的增长，包括银行发展战略、内部控制、风险管理、信息科技、产品和服务、市场营销力、盈利能力和流动性等方面。在这些因素中，风险管理能力和市场影响力与独立董事治理之间的关系最为直接。因此，在本书中，选择公司治理效应、风险控制能力和市场影响力作为政治关联下上市银行独立董事治理效应的测度变量，来测度独立董事治理的综合效应。

根据以上分析，本书构建我国上市银行独立董事治理效应研究模型组如下式所示。

$$gove = \beta_0 + \beta_1 poli + \beta_2 zhen + \beta_3 spec + \beta_4 peop + \beta_5 meet + \beta_6 depe + \beta_7 name + u$$

$$risk = \beta_0 + \beta_1 poli + \beta_2 zhen + \beta_3 spec + \beta_4 peop + \beta_5 meet + \beta_6 depe + \beta_7 name + u$$

$$prof = \beta_0 + \beta_1 poli + \beta_2 zhen + \beta_3 spec + \beta_4 peop + \beta_5 meet + \beta_6 depe + \beta_7 name + u$$

表 6－1　模型变量及系数信息描述

变量名称	变量符号	变量性质	对应系数	系数预期符号
独立董事政治关联	poli	解释变量、二分变量	β_1	（+/－）

续表

变量名称	变量符号	变量性质	对应系数	系数预期符号
独立董事行政任命	zhen	解释变量、二分变量	β_2	(+/-)
独立董事专业背景	spec	解释变量、二分变量	β_3	(+)
独立董事人数*	peop	控制变量	β_4	(+/-)
独立董事参会次数	meet	控制变量	β_5	(+)
独立董事独立性	depe	控制变量	β_6	(+)
独立董事声誉	name	控制变量	β_7	(+)
公司治理效应	gove	被解释变量		
风险控制能力	risk	被解释变量		
盈利能力	prof	被解释变量		

注：(+)表示正相关，(-)表示负相关，(+/-)表示不确定。

*表示根据《中国商业银行竞争力报告（2014)》第81页“全国性商业银行董事会与监事会结构”的内容可知，我国上市银行独立董事的人数分布是1~7，如恒丰银行最少，是1人，建设银行、浦发银行、华夏银行和平安银行最多，是7人，因此独立董事人数分布与李克特7点量表的值大致一致。鉴于此，在本模型设计中，采用独立董事的人数作为自变量，而没有采用独立董事比例作为自变量，这是上市银行业数据采集较为特殊的地方。

各变量的意义如下表所示。

表6-2 变量定义表

变量名称	操作性定义及变量值
独立董事政治关联	半数或半数以上独立董事具有政府背景，即曾经或目前在政府、金融监管机构、人大、政协或国际金融组织任职，则认为该董事会独立董事在整体上存在政治关联，取值为1，否则取值为0
独立董事行政任命	如果半数以上的独立董事的任命具有行政指派的倾向，则取值为1，否则，如果半数以上的独立董事的任命具有银行竞聘的倾向，则取值为0
独立董事专业背景	独立董事是否有金融业从业背景，是则取值为1，否则取值为0
独立董事人数	董事会中独立董事人员的数量

续表

变量名称	操作性定义及变量值
独立董事参会次数	独立董事平均每年参与董事会会议的次数
独立董事独立性	独立董事在行使职权时的自主性
独立董事声誉	独立董事在金融界或银行业的声誉
公司治理效应	上市银行公司治理的整体效果
风险控制能力	上市银行的综合风险控制能力，包括操作风险、市场风险、信用风险等
盈利能力	上市银行的盈利能力

6.3　模型检验

6.3.1　样本数据来源

本研究拟以我国16家上市银行的相关信息作为样本数据，数据源包括如下各个出处：①SCMAR数据库；②Wind数据库；③由史英哲、王胜春编著、清华大学出版社出版的《中国上市银行年报分析（2014）》；④由王松奇主编、社会科学文献出版社出版的《中国商业银行竞争力报告（2014）》；⑤由高明华、苏然著、经济科学出版社出版的《中国上市公司董事会治理指数报告》；⑥根据本课题组访谈资料整理；⑦根据其他各种公开资料整理。

6.3.2　变量取值说明

在本书中，虚拟变量的取值根据公开资料综合判断，再由银行业的资深人士确认而得到，一般变量的取值在公开统计数据的基础上，由归一法转化为7点量表得到，或者直接应用原始数据。此后，部分缺失数据再进行调查补充。具体取值说明如下：

（1）独立董事政治关联虚拟变量值根据上市银行年报及各种公开资料整理而成。

（2）独立董事行政任命虚拟变量的取值根据独立董事专业能力、从业履历、政治背景、社会关系、个人经历等各种公开资料进行综合判断，再由银行业权威人士确认。

（3）独立董事专业背景虚拟变量值根据上市银行年报及各种公开资料整理而成。

（4）独立董事人数变量值直接引用金融蓝皮书《中国商业银行竞争力报告（2014）》中“全国性商业银行董事会与监事会结构”的数据信息，但南京银行、北京银行、宁波银行的数据来源于 2014 上市银行年报。

（5）独立董事参会次数变量值由金融蓝皮书《中国商业银行竞争力报告（2014）》中“董事亲自出席会议率”所给出的“独立亲自出席率”指标数据，经过归一化处理后转化为 7 点量表而成，但是，中信实业银行、光大银行、南京银行、北京银行、宁波银行的数据由上市银行年报及其他公开披露的资料汇总而成。

（6）独立董事独立性变量取值采用 7 点量表，由三位资深专家综合评分而成，三位资深专家来自于上海证券交易中心、银监会和人民银行。

（7）独立董事声誉变量取值采用 7 点量表，由三位资深专家综合评分而成，三位资深专家来自于上海证券交易中心、银监会和人民银行。

（8）公司治理效应、风险控制能力、盈利能力的取值根据《中国商业银行竞争力报告（2014）》中“2014 年中国商业银行竞争力评价结果”的评价数据，通过归一法再转化为 7 点量表而成。

6.3.3 样本特征分析

独立董事治理研究的相关变量的样本特征如下表所示。

表 6－3 变量的描述性统计分析

变量	最小值	最大值	平均值	中位数	标准差
独立董事政治关联	—	—	—	—	—
独立董事政治任命	—	—	—	—	—

续表

变量	最小值	最大值	平均值	中位数	标准差
独立董事专业背景	—	—	—	—	—
独立董事人数	4	7	5.22	5	1.18
独立董事参会次数	2	7	4.13	4	2.29
独立董事独立性	2	7	4.76	5	2.17
独立董事声誉	1	7	3.86	4	1.98
公司治理效应	1	7	3.76	4	1.67
风险控制能力	1	7	3.19	3	2.12
盈利能力	1	7	3.544	1.87	

数据来源：①《中国商业银行竞争力报告（2014）》；②《中国上市银行年报分析（2014）》。

根据基础数据，利用Spss软件，得Pearson检验系数如下表所示。各变量之间的相关系数普遍不高，可见，研究模型不存在多重共线性的问题。

表6-4　Pearson相关系数

	独立董事人数	参会次数	独立性	独立董事声誉	公司治理效应	风险控制能力	盈利能力
独立董事人数	1.000						
独立董事参会次数	0.122	1.000					
独立董事独立性	0.113	0.272	1.000				
独立董事声誉	0.091	0.383	0.433	1.000			
公司治理效应	0.140	0.303	0.462	0.408	1.000		
风险控制能力	0.333	0.429	0.445	0.312	0.528	1.000	
盈利能力	0.202	0.252	0.382	0.301	0.393	0.362	1.000

6.3.4　回归分析

基于样本数据，在样本特征分析的基础上，借用Eviews软件，分别对研究模型进行检验，得回归分析结果如下表所示。

表 6-5 回归检验结果

银行竞争力			
变量	公司治理效应 gove	风险控制能力 risk	赢利能力 prof
独立董事政治关联 poli	0. 0382 （5. 5879＊＊＊）	0. 0289 （9. 7610＊）	0. 0182 （1. 6540）
独立董事政治任命 Zhen	-0. 0490 （3. 7751＊＊）	-0. 0109 （1. 0982）	-0. 0316 （8. 8718＊）
独立董事专业背景 spec	0. 0471 （12. 1209＊）	0. 0112 （0. 6521）	0. 0387 （3. 4321＊＊）
独立董事人数 peop	0. 0129 （1. 7172）	0. 0087） （0. 9889）	0. 0101 （0. 6548）
独立董事参会次数 meet	0. 0267 （12. 2091＊＊）	0. 0612 （7. 7763＊＊＊）	0. 0712 （3. 0987＊）
独立董事独立性 depe	0. 0761 （2. 8768＊）	0. 0543 （8. 8762＊＊）	0. 0387 （3. 0021＊）
独立董事声誉 name	0. 0432 （3. 4760＊）	0. 0365 （6. 6612＊＊）	0. 0102 （1. 1900）
R^2	0. 371	0. 287	0. 345
ΔR^2	0. 002	0. 005	0. 003
Adjusted R^2	0. 373	0. 292	0. 348
Adjusted F 值	67. 18	108. 12	119. 08
P 值（总体显著性水平）	＊＊	＊	＊

注：＊表示 P<0.05；＊＊表示 P<0.01；＊＊＊表示 P<0.001；N=16。

6.4 结论分析与策略改进

6.4.1 检验结论的分析

根据检验结果可知，政治关联视角下我国上市银行独立董事治理对银行竞争力存在着一定的促进作用，其中，独立董事参会次数和独立董事独立性对银行竞争力的促进效应较为明显，独立董事的专业背景和声誉对银行竞争力的促进效应次之，独立董事人数对银行竞争力缺乏促进效应，同时，独立董事政治关联对银行竞争力存在着明显的促进效应。具体而言：

（1）独立董事政治关联对上市银行公司治理效应和风险控制能力存在着明显的促进效应，而对银行赢利能力缺乏促进作用。可见，独立董事政治关联是独立董事制度设计和实施中不可忽视的因素，不仅促进了公司治理的完善，也促进了银行运营的优化。据调查，在上市银行中，独立董事政治关联的现象较为普遍，当达到一定比例时，就会成为董事会决策的主导因素之一。

（2）独立董事的行政任命对我国上市银行公司治理效应、风险控制能力和盈利能力均存在着负向的阻碍效应，不利于独立董事职能的发挥。按照公司治理的要义，独立董事由股东大会聘任，代表中小股东的利益，对董事长的战略决策实施监督，预防“大股东掏空”，减少对中小股东的侵害。但是，在我国现有的制度和体制下，不可能做到这一点，只能由政府机构任命或由董事长直接聘任。

（3）独立董事的专业背景对上市银行公司治理效应和赢利能力存在着明显的促进效应，但对风险控制能力缺乏促进作用。我国上市银行在专业背景上比其他行业更为浓厚，基本上都有金融行业的从业经历。但是，随着金融创新的加快，新的金融理念、方法、机制不断出现，而上市银行独立董事的年龄普遍偏大，不太适应变幻莫测的金融运营氛围，因而有时会导致决策精准性的偏差。在本书中，独立董事的专业背景对风险控制能力缺乏正向的影响，也说明了这一点。

（4）独立董事人数对上市银行公司治理效应、风险控制能力和盈利能力均不存在明显的促进效应，也就是说，独立董事治理效应的存在与独立董事的人数无关。可见，在上市银行独立董事中，存在着严重的“搭便车”现象，即一些独立董事出身不出力，随波逐流，敷衍自身的责任。这种情况在欧美国家早期的独立董事制度出现过，但随着独立董事考核制度的完善，“搭便车”现象逐渐消退。

（5）独立董事参会次数对上市银行公司治理效应、风险控制能力和赢利能力均存在着明显的促进效应，可见，独立董事参会次数是独立董事治理的一个有效的约束因素。目前，上市银行独立董事出席率较高，在80%以上，有些银行达到100%，对于独立董事职能的行使提供了基础和保证。目前，每家银行的年报都披露了独立董事的履职情况，大多数银行还对独立董事出席董事会的情况进行了单独的信息披露，可以看出对独立董事出席会议的高度重视。

（6）独立董事的独立性对上市银行公司治理效应、风险控制能力和赢利能力均存在着显著的促进效应，可见，发挥独立董事的独立性是独立董事制度成败的核心要素之一。尽管根据检验结果，独立董事的独立性与银行竞争力各项要素均存在着显著的正相关性，这只说明了独立董事独立性的重要性，并不能说明独立董事的独立性已发挥到最优状态。相反，对我国独立董事“花瓶董事”的揶揄也不是在短时间内可以褪去的。

（7）独立董事声誉对上市银行公司治理效应和风险控制能力产生了显著的促进作用，但对上市银行盈利能力缺乏促进作用。目前，我国银行业并不存在真正意义上的独立董事市场，独立董事聘任带有政府指定的痕迹。因此，独立董事声誉并非真正市场经济效应下的声誉，带有政府操控的色彩，因而存在一些欠缺，过于注重外在表象，而忽略了本源性的需求。一些独立董事声誉来源于政治性因素，从长远来看，可能对独立董事职能的行使带来负面影响。

6.4.2 独立董事治理改进策略的分析

（1）在银行内部业务运营中充分发挥独立董事政治关联的效应，使独立董事政治关联的作用从银行外部逐渐辐射到银行内部。近年来，上市银行独立董事主要关注对董事长、经理层的监督，很少涉及银行内部的运营问题，这一点与西方银行独立董事有所不同，本检验结果也验证了这种倾向。因此，如何设计和扩展独立董事监督的目标和方向，是上市银行独立董事制度改革的要点之一，需要从宏观向微观转化和过渡。

（2）独立董事市场的培育是我国上市银行独立董事制度改进的关键策略，但十余年来，由于政治体制改革的滞后，独立董事市场一直未能建立起来。如果存在一个健全的独立董事市场，不仅可以遴选出高素质的独立董事成员，也可以使在位的独立董事时刻感受到被替代的压力，就会尽心地行使自身的职责。在过渡阶段，可以实施独立董事的银行聘任制度，充分听取员工的意见，发挥利益相关者的治理作用。

（3）进一步提高上市银行独立董事的专业化，注重独立董事专业知识的更新，促进独立董事的年轻化。金融业是典型的知识型行业，在知识经济时代，金融业的内外部环境也瞬息万变，尤其是自20世纪末开始，操作风险风起云涌，严重威胁银行业的生存。这就对独立董事提出了新的挑战，即独立董事的专业知识要具有时代性、新颖性和超前性，才能识别董事会决策和经理层战略的优劣，才能更为有效地完成独立董事的使命。

（4）制定科学合理的独立董事考核制度，明确独立董事的责任，消除独立董事职能的模糊性，充分挖掘独立董事的潜力。在独立董事的各项章程中，虽然规定了独立董事的责任和义务，但并没有阐述这些责任和义务实施的路径和方法，也没有针对某一行业而做特殊的规定。因此，对于上市银行而言，需要进一步细化独立董事的专业责任，实施切实可行的激励和监督机制，就可能使独立董事的作用更上一个台阶。

（5）进一步提高独立董事的有效出席率，促进与会董事认真参加董事会会议、审议各项议案，积极参与讨论，勤勉尽责。目前，独立董事出席率较高，但并不代表有效出席率较高，因为一些独立董事在董事会上表现消极、心不在焉、随声附和、人云亦云，同时，委托出席的现象也较为常见，从而降低了有效出席率，未能充分发挥独立董事的监督作用。在上市银行董事会决议中，经常出现一致通过的现象，这与银行业运营的复杂性似乎不太相称。

（6）继续提高独立董事的独立性，充分发挥独立董事行使监督职能的权力。长期以来，在我国上市银行中，独立董事的独立性仅处于敷衍状态，与董事长的意见很少存在冲突，因此，独立性的提高不是一日之功。在借鉴西方商业银行独立董事制度的基础上，我国上市银行独立董事独立性的提高可以遵循三条路径：一是明确独立董事的职能并制定相应的奖惩机制，二是优化独立董事的聘任机制并加强聘任流程的信息披露；三是逐渐扩大独立董事的职责范围，使独立董事在较为宽广的空间大显身手。

（7）培育上市银行的独立董事市场，构建独立董事的声誉激励机制。为了进一步提高独立董事声誉激励的有效性，上市银行应构建独立董事数据库，掌握独立董事的完备信息和动态信息，随时对独立董事的实际业绩和潜在趋势进行测度，以把握独立董事职能行使的动向，为独立董事的调整提供依据。独立董事数据库在西方大银行中较为普遍，几乎没有一家大银行不拥有自己的内部数据库，相反，在我国上市银行中，目前没有任何一家银行构建独立董事数据库，致使独立董事的聘任带有很大的随机性和偶然性。

6.5 本章小结

本章研究了上市银行独立董事治理对上市银行治理及银行竞争力的促进效应，构建了相应的研究模型，并基于上市银行年度报告及其他公开或调查数据对模型进行了检验，发现了独立董事治理的优势功能及不足之处，提出了上市银行独立董事治理的改进策略。

第七章　我国上市银行监事会治理效应研究

7.1　我国上市银行监事会治理效应分析

监事会治理是传统公司治理的六大要素之一，也在上市银行公司治理中发挥着一定的作用。我国公司法主要参照大陆法系，规定上市公司组织结构必须包含股东大会、董事会和监事会。监事会是股东大会领导下的常设监察机构，独立地行使对董事会、经理人员、高级职员及整个公司的监督权。监事会的成员不得少于三人，由股东代表和职工代表组成，成员每届任期三年，可以连任，不得参与公司的具体业务，也不得干涉董事会正常职权的行使，且不得由董事和经理兼任。

监事会是由股东大会选举而产生的专门行使监督职能的机构，监督对象主要是董事会和经理层。我国《公司法》第 124 条规定："股份有限公司应设立监事会，监事会成员不得少于 3 人……监事会由股东代表和适当比例的公司职工代表组成。"同时，我国《公司法》第 126 条对监事会的职权进行了详细的规定：检查公司的财务、对董事和经理违反法律法规和公司章程的行为进行监督、对董事和经理的行为偏差进行纠正、提议召开临时股东大会等。

根据监督机制设计的不同，存在着三类公司治理结构类型：一是英美法系国家的单层制治理结构，不设置监事会，引入外部独立董事对经理层进行公正审查监督；二是德国代表的双层制治理结构，监事会由股东代表大会选举产生，与董事会形成垂直的领导关系，不仅是监督机构，也是决策机构，而董事会负责执行监事会的决议，负责公司的日常运营；三是日本所特有的公司业务网络模式，设立独立的监督机构。

由于我国政治制度和经济体制与西方国家存在着差异，致使公司治理的功能未能充分发挥和展现，其中，监事会治理的滞后性更为严重，因此，在我国公司治理的实践中，监事会有“稻草人”之称。当然，从公司治理引入之日起，我国监事会治理也一直在完善之中。目前，我国监事会改革存在着三种可能的趋向：一是采纳英美法系的一元制，废除监事会制度，加强独立董事制度来完善内部监控；二是在沿用目前二元制结构的同时，容纳独立董事制度和独立监视制度；三是由公司自行选择一元制或二元制。

上市银行监事会治理在力度和效能上虽然一直弱于董事会治理，但也一直引起银行公司治理研究者的关注，因为，无论在理论上还是实践上，监事会治理都是上市银行公司治理体系中一个不可或缺的要素。杜征征、程六满（2007）阐述了我国商业银行监事会建设的改进策略：尽力保持监事会的独立性，逐渐提高监事会成员的专业胜任能力，建立监事会成员职责履行的约束机制，设计完善的监事会工作制度。王飞、徐炜（2012）基于监事会的视角研究了我国上市银行的公司治理效率，提出了监事会的改进策略：明确监事会的职责和监督核心、在监管的过程中有针对性地进行抽查和监管、逐步完善会议监督手段、综合利用外部审计和内部审计成果、完善监事尽职评价制度。吴勇文（2011）阐述了国有商业银行监事会制度的理论基础，认为完善监事会制度可以降低银行代理成本，也是分权制衡思想的体现，又是公司自我约束的必然要求。邹亚明、陆畅（2014）认为，我国上市银行监事会监督差强人意，监事会流于形式，尚未建立以监事会为核心的监督机制，目前仅对银行财务报表和会计师事务所出具的审计报告进行审核，远未达到预期的目标。

现有研究探讨了上市银行监事会治理实施的方向、改进策略、监事会治理与银行效率相关性、监事会制度的理论基础、监事会治理质量等方面，对于上市银行监事会理论与实践的发展均存在着一定的促进作用。但是，现有监事会治理的研究没有关注到政府参与的影响，忽略了监事会政府参与在监事会治理中的作用，因而很难从较为本质的层面解释监事会治理的运行机制。

显然，我国上市银行监事会治理存在着明显的政府参与特征。许多监事会主席不仅具有政府背景，还由政府机构直接任命，在监督政策的设计和执行上接受相关政府机构的指导，无法完全摆脱政府权力的约束，与政治宏观经济和金融政策存在着千丝万缕的联系。因此，至少对上市银行这个行业而言，不存在政治参与缺失的监事会治理。

政府参与效应在公司治理机制中始终存在，无论中外，在不同的制度和体制下，政府参与效应的表现形式大相径庭，西方公司治理中政府参与效应的模式与我国不可同日而语。政府参与效应主要指企业与政治之间的政治关系对企业运营效率的影响，目前并未形成一致的概念，包括政治关联和政治任命等。Fisman（2001）较早地探析了政治关联的概念，认为政治关联是企业高管人员与政府官员之间的私人性密切关系。Faccio（2006）认为，政治关联是指企业中至少有一名高管或大股东是政府首脑、国会成员或高级官员。吴文锋（2008）对政治关联的定义是，一个公司与拥有政治权利的个人之间所形成的隐秘性的政治关系，但不包含因为政府对公司持股所形成的关系。

目前，即使在其他行业，监事会政治关联的研究也处于缺失状态，仅在一些研究的边角稍稍提及。因此，上市银行监事会政治关联的研究固然重要，但需要改造监事会政治关联研究的不毛之地，摸索出与自身行业特征高度相关的政治关联研究之路，同时也可以为其他行业监事会政治关联研究的开展指明方向。随着我国公司治理机制的完善及监事会治理改革的深化，上市银行监事会政治关联必然日益受到重视。

7.2 研究模型的设计

我国上市银行目前普遍设立了监事会，行使各项对董事会、高级管理层及其他银行内部事务的监督职能。根据商业银行《监事会议议事规则》，监事会的主要职能是监督董事会、高级管理层履行职责，监督董事长、董事、高级管理人员履行职责，对董事和高级管理人员进行离职审计，对商业银行的经营决策、风险管理和内部控制进行审计，指导商业银行内部稽核部门的工作。

我国上市银行监事会主要由股东代表监事、职工代表监事和外部监事三部分人员组成，平均人数是5~9人。职工监事是我国一项特色现代企业制度，是职工代表会议的扩展和延伸。一般而言，职工监事长期在重要的岗位任职，熟悉基层业务，对银行内部情况相当了解，因而可以从源头上参与银行的经营决策和民主管理。我国上市银行在《监事会议事规则》中均规定，职工监事不得少于监事会人数的1/3。

监事会监督职能的实施绩效受到多种因素的影响，现有的研究对其进行了一定程度的探讨，并探析了监事会治理的改进策略。王学强（2008）提出了完善我国上市银行监事会的具体策略：界定党委会、监事会、董事会各自的职责，减少董事会和监事会的职能重复，处理好监事会与银行内部稽核、监察部门之间的关系。武青（2007）认为我国商业银行监事会制度滞后表现在三个方面：一是制度不完善，监事会职权缺乏实质性的内容；二是社会观念陈旧，监事会的价值功效尚未被广泛认可；三是监事会人员构成不合理，专业素质不高。孙峰（2015）设计了商业银行监事会的运行评价体系，包括监事会会议次数、审议议案数、专门委员会数量、专门委员会会议次数、外部监事专业背景、财务监督次数、履职方式多样性等要素指标。王飞、徐炜（2013）基于股东大会的视角研究了我国上市银行公司治理的效率问题，认为我国上市银行股东大会治理的缺陷是大会会期过短、会议议题的通报和披露不足、表决方式过于单一、相关信息的披露不足，即监事会的“稻草人”倾向。

根据以上分析可知，上市银行监事会治理的主要影响因素包括职能分工、内部协调、结构合理、专业素质、监事会次数、履职方式等。在本书中，考虑到突出性影响因素的功能及样本量的约束，选择监事会主席专业背景、监事会人数、监事会会议次数、职责界定、监督方式多样性作为影响监事会治理的主要因素。

在我国上市银行中，监事会政治效应是一个十分普遍的现象，许多银行的监事会主席和监事会成员都具有政府背景，或者在政府部门任职，或者由政府委派。但是，现有的研究并没有关注这一现象，忽略了监事会政治效应对监事会治理的影响，从而给研究结论带来必然的误差。目前，不仅关于银行业监事会政治效应的研究尚未出现，其他行业监事会政治效应的研究也难以查询，因而无法为本书中监事会政治效应的界定提供理论支持，但可以在相关研究中进行比拟。

高管政治关联研究的成果较多，主要指董事长政治关联、独立董事政治关联、总经理政治关联等，可以引入到监事会政治关联研究框架之中。胡永平、张宗益（2009）在研究国有电力上市公司高管政治关联时将董事长和总经理政治关联定义为是否曾经任职于政府部门，且用虚拟变量来表示。贾明、张喆（2010）在研究高管政治关联对公司慈善行为的影响时，将政治关联设定为虚拟变量，用以衡量包括董事长和总经理在内的上市公司高管是否曾任或现任政府官员、人大代表或政协委员等。邵丽丽（2015）在研究高管人员政治关联对企业利率风险管理的影响时，将董事长或总经理曾任或现任政府机关党政官员、军队、人大代表和政协委员四种情形认定为政治关联。刘颖斐、陈亮（2015）在研究独立董事和其他高管政治关联时，将曾经或现任政府官员、人大代表、政协委员作为有无政治关联的标志，并用虚拟变量进行表示。

根据现有研究，本书将上市银行监事会主席的政府背景作为监事会政治关联的标志，采用虚拟变量来表示，即如果监事会主席曾经或现任政府、人大、政协、金融监管机构、国际金融机构的职务，或者由政府、金融监管机构委派，则认为监事会主席存在政治关联，变量值取1，否则取0。

监事会治理的有效性不仅影响到上市银行公司治理效应，也会促进银行各项竞争力要素的发展，如银行发展战略、风险管理、人力资源、信息科技、产品和服务、市场影响力、风险防范能力、盈利性、流动性等方面。在本书中，考虑到监事会治理的直接效应，将发展战略和风险管理作为监事会治理的绩效测度因素。

根据以上分析，本书构建我国上市银行监事会治理效应模型如下式所示。

$$gove = \beta_0 + \beta_1 poli + \beta_2 zhen + \beta_3 spec + \beta_4 peop + \beta_5 meet + \beta_6 defi + \beta_7 \mathrm{vari} + u$$

$$deve = \beta_0 + \beta_1 poli + \beta_2 zhen + \beta_3 spec + \beta_4 peop + \beta_5 meet + \beta_6 defi + \beta_7 \mathrm{vari} + u$$

$$risk = \beta_0 + \beta_1 poli + \beta_2 zhen + \beta_3 spec + \beta_4 peop + \beta_5 meet + \beta_6 defi + \beta_7 \mathrm{vari} + u$$

表 7-1　模型变量及系数信息描述

变量名称	变量符号	变量性质	对应系数	系数预期符号
监事会主席政治关联	poli	解释变量、二分变量	β_1	（+/-）
监事会主席政治任命	zhen	解释变量、二分变量	β_2	（+/-）
监事会主席专业背景	spec	解释变量、二分变量	β_3	（+）
监事会人数 *	peop	控制变量	β_4	（+）
监事会会议次数	meet	控制变量 β_5	（+）	
监事会职责界定	defi	控制变量	β_6	（+）
监督方式多样性	vari	控制变量	β_7	（+）
公司治理效应	gove	被解释变量		
银行发展战略	deve	被解释变量		
银行风险管理	risk	被解释变量		

注：（+）表示正相关，（-）表示负相关，（+/-）表示不确定。

*表示根据《中国商业银行竞争力报告》第 81 页“全国性商业银行董事会与监事会结构”的内容可知，我国上市银行监事会人数分布是 6~13，如中信实业银行最少，是 6 人，而交通银行最多，是 13 人，与李克特 7 点量表的测度值范围比较接近。鉴于此，在本模型设计中，采用监事会人数作为自变量，而没有转化为 7 点量表制，这是上市银行业监事会规模数据采集较为特殊的地方。

各变量的意义如下表所示。

表7-2　变量定义表

变量名称	操作性定义及变量值
监事会主席政治关联	监事会主席是否曾经或目前在金融监管机构、政府部门、人大、政协、国家金融组织任职，是则取值为1，否则取值为0
监事会主席政治任命	如果监事会主席存在行政指派的倾向，则取值为1；如果监事会主席存在行业推举的倾向，则取值为0
监事会主席专业背景	监事会主席是否有金融业从业背景，是则取值为1，否则取值为0
监事会人数	上市银行监事会人员的数量，包括外部监事、职工监事和股东代表监事
监事会会议次数	平均每年举行监事会会议的次数
监事会职责界定	监事会责任与董事会、党委会、经理层之间存在着明确的区分
监督方式多样性	监事会灵活地采取多种监督方式实施监督职能
公司治理效应	上市银行公司治理的整体效果
银行发展战略	上市银行发展战略实施的合理性和有效性
银行风险管理	上市银行的综合风险防范能力，包括操作风险、市场风险、信用风险等风险因素

7.3　模型检验

7.3.1　样本数据来源

本研究拟以我国16家上市银行的相关信息作为样本数据，数据源包括如下各个出处：①SCMAR数据库；②Wind数据库；③由史英哲、王胜春编著、清华大学出版社出版的《中国上市银行年报分析（2014）》；④由王松奇主编、社会科学文献出版社出版的《中国商业银行竞争力报告（2014）》；⑤由高明华、苏然著、经济科学出版社出版的《中国上市公司董事会治理指数报告》；⑥根据本课题组访谈资料整理；⑦根据其他各种公开资料整理。

7.3.2 变量取值说明

在本书中，虚拟变量的取值根据公开资料的综合判断、再由银行业的资深人士确认而得到，一般变量的取值在公开统计数据的基础上，由归一法转化为7点量表而得到，或者由原始数据直接应用。此后，部分缺失数据再进行调查补充。具体取值说明如下：

（1）监事会主席政治关联虚拟变量的取值根据上市银行年报信息及其他公开信息进行综合判断。

（2）监事会主席专业背景虚拟变量的取值根据上市银行年报信息及其他相关公开信息进行综合判断。

（3）监事会人数变量值直接引用金融蓝皮书《中国商业银行竞争力报告（2014）》中“全国性商业银行董事会与监事会结构”的数据信息，但南京银行、北京银行、宁波银行的数据来源于2014年度上市银行的年报。

（4）监事会会议次数变量值根据上市银行年报获取。

（5）监事会职责界定变量以李科特7点量表来表示，聘请三名专家对16家上市银行分别评分，最后取均值。三名专家分别来自上海证券交易中心、中国人民银行和银监会。

（6）监督方式多样性变量以李科特7点量表来表示，数据采集方法同监事会职责界定变量。

（7）公司治理效应、银行发展战略、银行风险管理的取值根据《中国商业银行竞争力报告（2014）》中“2014年中国商业银行竞争力评价结果”的评价数据，通过归一法再转化为7点量表而成。

7.3.3 样本特征分析

我国上市银行监事会治理研究的相关变量的样本特征如下表所示。

表 7-3　变量的描述性统计分析

变量	最小值	最大值	平均值	中位数	标准差
监事会主席政治关联	—	—	—	—	—
监事会主席政治任命	—	—	—	—	—
监事会主席专业背景	—	—	—	—	—
监事会人数	6	13	7.8	8	3.32
监事会会议次数	3	9	3.8	4	2.87
监事会职责界定	1	7	4.1	4	1.98
监督方式多样性	1	7	3.6	3	2.22
公司治理效应	1	7	3.1	3	2.05
银行发展战略	1	7	4.2	4	1.88
银行风险管理	1	7	3.9	4	2.76

数据来源：①《中国商业银行竞争力报告 2014》；②《中国上市银行年报分析 2014》。

根据基础数据，利用 Spss 软件，得 Pearson 检验系数如下表所示。各变量之间的相关系数普遍不高，可见，研究模型不存在多重共线性的问题。

表 7-4　Pearson 检验系数

	监事会人数	监事会会议数	职责界定	监督多样性	公司治理效应	银行发展战略	银行风险管理
监事会人数	1.000						
监事会会议次数	0.082	1.000					
监事会职责界定	0.073	0.102	1.000				
监督方式多样性	0.122	0.134	0.333	1.000			
公司治理效应	0.190	0.372	0.372	0.407	1.000		
银行发展战略	0.413	0.468	0.114	0.312	0.602	1.000	
银行风险管理	0.173	0.518	0.440	0.449	0.545	0.292	1.000

7.3.4 回归分析

基于样本数据，在样本特征分析的基础上，借用 Eviews 软件，分别对研究模型进行检验，得回归分析结果如下表所示。

表 7－5 回归检验结果

银行竞争力			
变量	公司治理效应 gove	银行发展战略 deve	银行风险管理 risk
监事会主席政治关联 poli	0. 0187 (1. 0981)	0. 0098 (0. 8768)	0. 0176 (0. 1265)
监事会主席政治任命 zhen	－0. 0239 (6. 7760＊＊)	－0. 0387 (3. 2201＊)	－0. 0301 (7. 8908＊＊＊)
监事会主席专业背景 spec	0. 0289 (2. 7651＊＊)	0. 0187 (1. 0981)	0. 0421 (4. 1206＊＊＊)
监事会人数 peop	0. 0141 (1. 1099)	0. 0226 (0. 7821)	0. 0198 (0. 7765)
监事会会议次数 meet	0. 0450 (8. 8810＊＊)	0. 0562 (3. 1982＊)	0. 0109 (1. 2872)
监事会职责界定	0. 0354 (6. 6654＊＊)	0. 0109 (1. 2287)	0. 0287 (3. 7651＊)
监督方式多样性	0. 0821 (6. 7651＊＊)	0. 0389 (14. 1281＊＊)	0. 0413 (3. 876＊)
R^2	0. 387	0. 298	0. 281
ΔR^2	0. 002	0. 004	0. 003
Adjusted R^2	0. 389	0. 302	0. 285
Adjusted F 值	44. 76	109. 12	198. 09
P 值（总体显著性水平）	＊	＊＊＊	＊

注：＊表示 P＜0.05；＊＊表示 P＜0.01；＊＊＊表示 P＜0.001；N＝16。

7.4 结论分析与策略改进

7.4.1 检验结论的分析

根据检验结果可知，在政治关联视角下，上市银行监事会治理对银行竞争力存在着一定的促进效应，其中，监督多样性的促进效应最为明显，监事会主席专业背景、监事会会议次数、监事会职责界定的促进效应次之，而监事会人数缺乏实质性的促进效应。同时，监事会主席的政治关联对公司治理效应和银行竞争力均缺乏促进作用，即政治关联在我国上市银行监事会治理中处于功能缺失的状态。具体而言：

（1）监事会主席政治关联对上市银行公司治理效应、银行发展战略和银行风险管理均未产生明显的促进作用。这种现象与我国现实的金融经济环境有些格格不入，很难想象政治关联在银行公司治理的一个重要环节上无关紧要，合理的解释只能是上市银行监事会的功能尚未得到有效发挥，监事会主席与董事会主席及行长三足鼎立的格局并没有形成，从而制约了监事会和监事会主席政治关联性监督职能的发挥。

（2）监事会主席行政任命对上市银行公司治理效应、银行发展战略和银行风险管理均存在着明显的阻碍效应，抑制了监事会职能的行使和发挥。在西方上市银行中，监事会主席及监事会成员一般由股东大会推举，代表股东的利益，对董事长和行长行使监督权利。由于产权虚置，我国上市银行缺乏人格化的股东，无法进行监事会选举，只好由国资委任命。这种行政任命存在很多弊端，极易将平庸之辈选入监事会。

（3）监事会主席的专业背景对公司治理效应和银行风险管理存在着明显的促进效应，但对银行发展战略未能产生实质性的促进功能。可见，尽管监事会在上市银行公司治理中的职能存在弱化现象，但是监事会主席的专业背景仍发挥了有效的作用。目前，监事会的主要职能是对银行内部审计的监督，对内部控制和风险控制起到一定的积极作用，但是对银行战略决策、目标制定、环境协调却很少问津。

（4）监事会人数对上市银行公司治理效应、银行发展战略和银行风险管理均缺乏明显的促进效应，即对银行竞争力缺乏实质性的促进作用。这在一定程度上反映了上市银行监事会的虚置性，即相当一部分监事只是摆设，甚至是滥竽充数，并非发挥监事的独立监督职能。根据证监会《上市公司章程指引》，上市银行监事会由股东监事、外部监事和职工监事三个部分组成，但职工监事事实上没有发挥作用。

（5）监事会会议次数对上市银行公司治理和银行发展战略存在着明显的促进效应，但对银行风险管理缺乏促进功能。监事会会议是监事会行使监督权力和改进监督机制的平台，因此，合理的监事会会议是必要的。当监事会行使特别权力时，往往要召开监事会会议进行商讨。这些特别权力包括：当公司出现重大问题时，可以提议召开股东大会；当公司与董事发生诉讼时，监事会代表公司处理法律事宜；当发现公司财务和审核账册出现问题时，代表公司委托律师和会计师。可见，监事会会议在一定程度上是公司战略转型的方向标。

（6）监事会职责界定对公司治理效应和银行风险管理效应存在着明显的促进效应，但对银行发展战略缺乏促进功能。检验结果表明，尽管上市银行监事会存在职责不清的现状，但并不代表监事会职能无从实施，相反，有些上市银行监事会职能得到了较好地发挥，源于这些银行制定了较为详细的监事会监督范围。在中国的公司法律框架中，尽管监事会不具有像德国监事会那样对董事会的全面监督职能，这是监事会职能弱化的根本原因，但是，如果明确限定监督权限，监事会的作用依旧会得到发挥。

（7）监督多样性对上市银行公司治理效应、银行发展战略和银行风险管理均存在着有效的促进作用。可见，实施灵活多变的监督方式是提高监事会效率的一条重要路径。现有的研究揭示了这一规律，但并不说明监事会的监督方式已经达到了极致状态，相反，上市银行监事会监督方式过于单一，距离多样化的要求尚存在一定距离。本检验只是说明，如果能够小幅提高监事会监督的多样性，监事会治理效果就会明显改进。

7.4.2 监事会治理的改进策略分析

（1）在监事会主席选聘时，或者在外部监事和股东监事选聘时，尽量兼顾监事会主席和监视的政治背景。在中国目前的经济环境下，尤其对银行业而言，缺乏政治关联的公司治理是不现实的，在某种程度上等于一般职能的丧失。根据现有的各类公开资料的调查和梳理，相比于董事会和经理层而言，监事会主席和监事成员的政治背景比例显著较低。

因此，在监事会组建和改选时，应适当对具有政治履历的监事倾斜。

（2）由于产权虚置，我国上市银行无法由股东大会选举监事会成员，但是，可以改由银行内部职工推举的方式来产生监事会主席及监事会。这种方式符合公司治理的利益相关者治理理念，发挥职工的监督作用，可以避免行政任命带来的种种弊端。银行员工对银行业务流程较为熟悉，对监事会成员的资格要求较为清楚，同时也深知高效监事会的存在可以更好地维护自身的利益，因此，存在着推进监事会的内在动力。

（3）监事会主席不仅应具备较高的专业素养，更应该具备超强的敬业精神。目前，上市银行监事会主席均具有良好的专业背景，均出身于金融行业或银行管理专业，具有多年的从业经历，但是，在敬业度上却大打折扣。在我国现有的治理体制下，这或许无可指责，但对于职责要求而言就难以苟同。《上市公司章程指引》规定："监事会应当对董事、经理和其他高级管理人员执行公司职务时违反法律、法规或公司章程的行为进行监督"，但是，在实施过程中，监事会往往力不从心。

（4）提高职工监事的监督职能，切实落实职工监事的责任制，确保职工的利益得到体现。《上市公司章程指引》规定，"公司职工代表担任的监事不得少于监事人数的1/3"，这一点在各个上市银行已经实现，但是，上市银行并不注重职工监事的意见，导致职工监事的职责履行态度也较为消极。按照常理，职工代表应精通公司业务并具备丰富的信息收集和分析能力，方能实现职工监督的有效性，而我国上市银行的职工监事的选拔流程并不能有效地支持这一目标。

（5）减少监事会与独立董事职能的交叉，以提高监事会会议的有效性。在上市银行公司治理中，由于监事会与独立董事存在着职能交叉，双方职责不清，导致监事会会议的议题往往为董事会越俎代庖。2001年，中国证监会推出了《关于在上市公司建立独立董事制度的指导意见》，在对独立董事制度的引入进行尝试时，对与独立董事功能存在大幅度职能交叉的监事会的存留问题只字未提，从而为包括上市银行业在内的监事会治理带来很大的困扰，需要各个行业自行梳理、规划和完善。

（6）明确监事会的责任，逐步提高监事会的监督职能，发挥监事会对董事长、经理层决策的监督作用。长期以来，在上市公司治理中，监事会处于若有若无的地位，难以与董事会相匹敌。监事会代表着控股股东之外其他各种利益相关者的利益，但是，由于上市银行均以国有股为主，在现行制度的支配下，其他利益相关者难以被顾及。同时，具有政府性质的银行监督机构已经对上市银行的各项运营机制实施了强有力的监督，在一定程度上替代了监事会的职能，致使监事会的职能无从发挥。

（7）逐步提高监事会的独立性以提高监督方式的多样性。显然，如若想实现监督方式的多样性，监事会必须具有独立行使监督方式的权利。按常理，一旦经由股东大会授权，监事会就可以完全行使监督权而不受其他机构的干扰。但是，根据李维安教授的思想，上市银行公司治理带有浓重的政府治理的特征，导致监事会的独立性大打折扣。当然，在现行的政府治理环境下，监事会独立性的提高也非一日之功。

7.5 本章小结

本章研究了上市银行监事会治理对银行公司治理及银行竞争力的影响，构建了相应的研究模型，并基于上市银行年报及其他各种公开的调查信息，对研究模型进行了检验，揭示了上市银行监事会治理的微观机理，提出了上市银行监事会治理的改进策略。

第八章　我国上市银行经理层治理效应研究

8.1　我国上市银行经理层治理特征分析

经理层治理是公司治理的六大要素之一，在公司治理框架中占据枢纽性的地位，是公司治理和公司管理的联结点。“经理革命”出现于19世纪40年代，以技术革命和市场竞争力为背景，促进了现代企业法人治理结构的形成和“三权分立与制衡”的诞生。在18世纪后期，尽管经济学鼻祖亚当·斯密当初并不看好股份制公司中的两权分离，但由于存在着资本聚集、风险抵御、专业经营的优越性，股份制公司还是迅速发展起来。19世纪后期，在第二次工业革命的驱动下，“两权分离”开始加速，同时，证券市场的出现也为“两权分离”注入了新的活力，使投资者愈加分散甚至处于流动状态，企业的控制权逐渐从业主手中转移到具有专业技能的经理手中，经理取代了业主获取了企业经营的控制权和支配权。

由于受到现存制度与体制的影响，我国许多上市公司存在着国有股“一股独大”的现象，导致公司的内部控制逐渐扭曲为内部人控制，国有股东和部分非国有的大股东控制了董事会，致使公司控制权集中在少数人手中。从理论上讲，董事会拥有对经理人员聘任与监督的权力，并据此对经理人员做出奖惩，但是，从内部人控制的视角来看，我国大多数上市公司的董事会难当此任。21世纪初，尽管引入了独立董事制度，但“花瓶董事”色彩芬芳，示形于外、败絮于内，对经理层的监督推进并无多大裨益。

在所有权和经营权分离的前提下，股东和管理人员之间形成了司法上的委托—代理关系，产生了代理问题，即以董事会为代表的委托人如何最大限度地减少代理成本问题。代理成本是指因代理问题所衍生出来的公司运作成本。詹森和麦克林认为，代理成本包含三个要素：一是委托人所支出的监控成本，二是代理人所付出的获取委托人信任的成本，三是代理人未能达到最优决策而使委托人利益受损的成本。在公司的实际运营中，代理成本一般以经理懈怠、在职消费、权力滥用、短期行为等机会主义形式出现。

上市银行经理层治理一直是上市银行公司治理研究的一个主要方向，积累了一定量的研究成果，不仅充实了银行公司治理的内容，也使银行管理的内涵更为丰富。孙君阳、徐娜（2011）分析了中国上市银行的经理层治理机制，发现银行高管的薪酬形式主要以短期激励效应的现金薪酬为主，缺乏股票奖励和股票期权等长期积累效应。陈珠明、刘家鹏、李鹏程（2011）基于内部人控制的角度研究了我国上市银行的高管高薪问题，发现高管薪酬与独立董事的比例显著负相关，在董事会中，经理的任职比例越高，高管的薪酬也越高，且高管薪酬与第一大股东的持股性质显著负相关。张卫国、梁小翠、陆静（2011）研究了中国上市银行CEO薪酬和董事薪酬的影响因素，主要包括银行绩效、银行规模、股权结构、公司治理、管理者特质、监管政策等，发现CEO薪酬与公司治理变量及每股收益正相关，独立董事薪酬与银行规模、股权结构、公司治理及CEO薪酬显著正相关。宋增基、夏铭、陈开（2011）研究了中国上市银行薪酬激励对银行绩效的影响，发现员工薪酬激励对银行绩效存在显著的正向影响，缩小高管薪酬与员工薪酬之间的差距有助于银行绩效的改进，股权激励并不能显著地促进银行绩效，且高管内部薪酬差异存在着锦标赛竞争机制。阿依努尔·吾普尔（2013）基于中国上市银行的经验数据检验了高管控制权、隐性保险和商业银行风险承担之间的相关性，发现滞后一期的高管控制权对银行的风险承担行为存在着显著的影响，且高管的控制权越小，承担的风险显著越高。吴成颂、黄送钦、唐伟正等（2014）研究了银行高管团队的背景特征对银行创新能力的促进机理，发现高管团队的学历有助于提高银行创新能力，创新能力与高管团队的年龄和任期区间呈现倒U形关系，认为银行创新能力和高管团队特征之间存在着内在的联系。

现有研究探讨了上市银行经理层治理的薪酬激励形式、股权激励形式、薪酬影响因素、薪酬与银行绩效之间的相关性、银行高管团队的特征等方面，在深度和广度上使银行经理层治理的研究跃居银行公司治理研究的最前列。但是，由于银行经理层存在着非常显著的政府参与效应，在很大程度上左右着银行经理层治理的成效，因此，经理层政府参与的研究应成为银行公司治理体系的要素之一。其中，政府参与包括高管层的政治关联和行政任命两个方面。

政治关联，就是指包括董事长、监事会主席、总经理及其他关键人员在内的企业高管凭借与政府的特殊关系而为企业创造特殊利益的行为。目前，对政治关联存在性的认识是一致的，但对政治关联的内涵却缺乏一致性的认识。Bertrand（2006）对政治关联的定义是，企业的CEO毕业于精英院校，或者曾经在政府或公共事业单位任职。Ferguson和Voth（2008）认为政治关联是，董事会或监事会的重要成员与政府要员或执政党之间存在着密切的关系。余明桂、潘红波（2008）认为政治关联是公司的董事长或总经理是否担任现任或前任的政府官员、人大代表或政协委员。冯延超（2011）认为，在中国现实的经济、政治、文化环境下，合法的、常规的政治关联主要体现在企业董事会、经理层中的关键人物具有政府背景或者直接参政议政。

因此，近年来，银行经理层政治关联的治理也引起了相关研究者的关注。刘颖斐、陈亮（2015）基于政治关联的视角比较了经理人员与独立董事在公司治理中的作用，发现经理人员的政治关联对公司业绩同样存在着影响。解成锋、吴嘀（2013）研究了银行行长政治关联对银行风险承担能力的影响，发现行长政治关联不利于银行风险承担能力的培育，对银行风险承担行为存在负向的影响。陈银博、宋清华（2012）认为政治关联已经渗透到我国上市银行系统之中，研究了政治关联对银行高管薪酬的抑制作用，发现我国银行高管的薪酬与政治关联呈反比，且股东政治关联对银行薪酬存在抑制作用。潘敏、魏海瑞（2015）研究了银行行长政治关联对商业银行信贷投放周期的影响，发现行长政治关联程度的提高会强化银行信贷投放的拟周期性。陈本凤、周洋西、宋增基（2013）研究了我国上市银行CEO权力、政治关联与银行业绩的相关性，发现政治关联对上市银行业绩具有正向的影响，但如果针对强势CEO施加过多的政治关联，则银行业绩反而会下降，从而说明政治关联可以弥补CEO能力的不足。

银行经理层政治关联探讨了行长政治关联与董事长政治关联效应的差异、政治关联对风险控制的影响、政治关联与行长薪酬之间的关系、政治关联对信贷投放周期的影响、政治关联与银行绩效相关性等，推进了上市银行经理层治理在理论和实践上的双重进展，但是，现有的研究对银行经理层政治关联的认识、理解和定义过于狭隘，直接借鉴西方经理层政治履历的兼并方式，并不能深刻地反映出中国银行业上市银行经理层政治关联的内涵。

众所周知，在上市银行公司治理体系中，由于受制于我国特有的国情，治理重心不在于董事会和监事会，而在于经理层，即行长决策在很大程度上左右着银行的最终运营业绩。在我国现有的政治、文化、金融环境中，行长的家族背景是一条不可忽视的政治关联，在很多场合下对银行的影响高于传统意义上的“政府履历”，因此，家族背景应该作为中国上市银行经理层治理中一项不可或缺的政治关联，这在我国上市银行高管中屡屡出现。尽管家族背景的甄别较为隐秘，但是，如果忽略家族背景的影响，单纯的“政府履历”政治关联很难反映出经理层政治关联的全貌。因此，考虑家族背景的经理层政治关联的研究对于揭示上市银行经理层治理优化之路具有一定的现实意义。

8.2 研究模型的设计

美国经济学家沃伦·巴菲特认为，成功的银行家需要具备四项心理品质：一是具有敏锐的金融市场洞察能力，二是细致耐心，三是要具有强烈的风险意识，四是在大是大非问题上要勇于承认错误。美国心理学家范·夏普对高成就行长决策过程、管理方式、心理特征进行了研究，发现他们对金融市场均有自己独到的认识和理解，有较强的独立思考能力并可以做出无偏见的决策，崇尚风险控制和稳健经营。中国工商银行行长张衢曾认为，合格的行长需要具备如下素质：诚信的品格、系统的经济学与金融学专业知识、丰富的银行从业经验、较强的风险控制能力和成本控制能力、较强的市场判断能力、较强的交际能力。

经理层治理的评价一般关注如下内容：经理层任期内能否保持公司的稳定发展，董事、监事、高管人员是否违规买卖本公司的股票，经理层是否存在着内部人控制的倾向，总经理是否是控股股东，公司是否建立了合理的股权激励机制，公司是否建立了合理的绩效评价体系，经理层是否有效地控制了公司的日常生产经营，公司内部控制制度是否健全，公司内部管理制度是否得到贯彻执行，公司是否制定类似《经理议事规则》的制度，经理层是否存在经营目标责任制，经理人员的责权是否明确，是否建立对经理层的内部问责制度，经理人员是否存在越权行为，监事会和董事会是否对经理层实施了有效的监管，公司会计核算体系是否健全，公司公章和印鉴管理制度是否完善，公司授权和签章等内部控制环节是否有效，以及公司的财务管理是否符合有关的规定。

上市银行经理层是上市银行公司治理和上市银行经营管理的枢纽，可以实现银行治理和银行管理的融合。对于上市银行经理层治理而言，主要针对于银行行长及副行长的治理，包括股权激励、薪酬激励、越权监督、专业素质、诚信与品格、学历、从业经验、创造力、市场敏锐性等方面。在本书中，基于上市银行行长治理的调查与资料分析，考虑到上市银行样本量的约束，本书选择股权激励、薪酬激励、越权监督、专业素质四个要素作为上市银行行长治理的关键影响因素。由于在我国只有部分上市银行实施了股权激励，因此，可以将股权激励设置为虚拟变量。

上市银行经理层或行长政治关联是其治理体系中的必备因素，现有研究也关注了这一点，在政治关联识别上存在着很多共性的认识。陈银博、宋清华（2012）认为，国有控股银行的政治关联主要表现在高管的从政经历上，而非国有控股银行的政治关联主要表现在高管现在的政治身份上。刘颖斐、陈亮（2015）在研究经理人员与独立董事政治关联效应差异时，同样将曾经或现任政府、人大、政协的职务作为是否存在政治关联的标志，并采用虚拟变量来表示。熊婷、程博、王箐（2015）在基于经理自主权的视角研究银行政治关联对外部审计的影响时，将行长政治关联定义为曾任或现任政府官员、人大代表、政协委员或其他类似的政府职务，并采用虚拟变量来表示。解成锋、吴嘀（2013）在研究银行行长政治关联对银行风险承担行为的影响时，将行长政治关联定义为曾经或目前在政府、军队、人大、政协及其他类似的国家行政机构任职，并采用虚拟变量来表示。潘敏、魏海瑞（2015）将银行行长等高管政治关联定义为高管曾经或正在中央或地方政府、汇金公司、中国人民银行、国有独资公司担任职务，且副科、科级、副处、初级、副厅、厅级、副部、部级分别计 1 ~ 8 分。

显然，现有的上市银行经理层（行长）政治关联的界定或者借鉴国外研究文献中关于政治关联的传统定义，或者引用上市银行董事长、监事会政治关联的相关内容，但很难反映出经理层政治关联的全貌。在本书中，不仅沿用了传统意义上的履职政治关联，即将行长曾任或现任政府机关、人大、政协、银行监管机构的职务作为政治关联，同时将行长、副行长的家族背景也作为一种政治关联，即如果在血缘关系中存在家族的色彩，可以认定为存在政治关联。在中国特定的社会环境中，政治关联比政府履职政治关联对银行运营的影响在特定场合下可能更为明显。这两种政治关联均可以采用虚拟变量来表示，即如果存在政治关联则取值为 1，否则取值为 0。

上市银行经理层治理不仅促进了银行公司治理水平的提高，也促进了银行竞争力的提高。在王松奇主编的金融蓝皮书《中国商业银行竞争力报告》中，将商业银行竞争力分为公司治理、银行发展战略、银行风险管理、人力资源管理、信息科技发展、产品和服务、市场影响力、总资产、资本、盈利性、流动性等要素。在本书中，选择与经理层治理最为相关的三个要素作为经理层治理的绩效测度变量，即公司治理、人力资源管理和市场影响力。

根据以上分析，可以构建我国上市银行政府参与视角下经理层治理效应模型组如下式所示。

$gove = \beta_0 + \beta_1 poopol + \beta_2 zhen + \beta_3 redpol + \beta_4 shar + \beta_5 wage + \beta_6 audi + \beta_7 skil + u$

$huma = \beta_0 + \beta_1 poopol + \beta_2 zhen + \beta_3 redpol + \beta_4 shar + \beta_5 wage + \beta_6 audi + \beta_7 skil + u$

$mark = \beta_0 + \beta_1 poopol + \beta_2 zhen + \beta_3 redpol + \beta_4 shar + \beta_5 wage + \beta_6 audi + \beta_7 skil + u$

表 8-1　模型变量及系数信息描述

变量名称	变量符号	变量性质	对应系数	系数预期符号
履职政治关联	propol	解释变量、二分变量	β_1	(+/-)
家族政治关联	redpol	解释变量、二分变量	β_2	(+/-)
行长行政任命	zhen	解释变量、二分变量	β_3	(+/-)
股权激励	shar	解释变量、二分变量	β_4	(+/-)
薪酬激励	wage	控制变量	β_5	(+)
越权监督	audi	控制变量	β_6	(+)
专业素质	skil	控制变量	β_7	(+)
公司治理效应	gove	被解释变量		
人力资源管理	huma	被解释变量		
市场影响力	mark	被解释变量		

注：(+) 表示正相关，(-) 表示负相关，(+/-) 表示不确定。

各变量的意义如下表所示。

表 8-2　变量定义表

变量名称	操作性定义及变量值
履职政治关联	上市银行行长曾任或现任政府、银行监管机构、人大、政协的职务，是则取值为1，否则取值为0
家族政治关联	上市银行行长或副行长是否存在红色或革命背景的家族血缘关系，是则取值为1，否则取值为0

续表

变量名称	操作性定义及变量值
行长行政任命	如果总经理的任命主要是行政指派的结果，则取值为1；如果总经理的任命是内部推举的结果，则取值为0
行长股权激励	上市银行是否对行长实施股权激励，是则取值为1，否则取值为0
行长薪酬激励	上市银行行长年薪的档级
行长越权监督	董事会和监事会对行长职权范围实施了有效的监督
行长专业素质	行长具有较高的金融专业管理水平
公司治理效应	上市银行公司治理的整体效果
人力资源管理	上市银行人力资本竞争力
市场影响力	上市银行在金融市场的影响力

8.3 模型检验

8.3.1 样本数据来源

本研究拟以我国16家上市银行的相关信息作为样本数据，数据源包括如下各个出处：①SCMAR数据库；②Wind数据库；③由史英哲、王胜春编著、清华大学出版社出版的《中国上市银行年报分析（2014）》；④由王松奇主编、社会科学文献出版社出版的《中国商业银行竞争力报告（2014）》；⑤由高明华、杜雯翠著、经济科学出版社出版的《中国上市公司高管薪酬指数报告》；⑥根据本课题组访谈资料整理；⑦根据其他各种公开资料整理。

8.3.2 变量取值说明

变量取值说明如下：

（1）履职政治关联虚拟变量的取值根据上市银行年报和相关公开资料综合判断。

（2）家族政治关联虚拟变量取值根据相关公开资料来综合判断。

（3）行长行政任命虚拟变量的取值主要根据总经理个人社会关系、政治背景、从业经历、业务素质等方面公开信息的综合判断而得到，并由银行业权威专家最后确认。

（4）行长股权激励虚拟变量取值根据上市银行年报和相关高管薪酬指数报告来判断。目前，只有部分上市银行实施了股权激励。

（5）行长薪酬激励变量取值是根据上市银行年报所披露的管理层年薪作为初始数据，再通过归一法转化为李克特 7 点量表。

（6）行长越权监督变量以李科特 7 点量表来表示，聘请三名专家对 16 家上市银行分别评分，最后取均值。三名专家分别来自上海证券交易中心、中国人民银行和银监会。

（7）行长专业素质变量以李科特 7 点量表来表示，数据采集方法与行长越权监督变量相同。

（8）公司治理效应、人力资源管理、市场影响力的取值根据《中国商业银行竞争力报告（2014）》中“2014 年中国商业银行竞争力评价结果”的评价数据，通过归一法再转化为 7 点量表而成。

8.3.3　样本特征分析

我国上市银行经理层治理研究的样本特征如下表所示。

表 8－3　变量的描述性统计分析

变量	最小值	最大值	平均值	中位数	标准差
履职政治关联	—	—	—	—	—
家族政治关联	—	—	—	—	—
行长政治任命	—	—	—	—	—
行长股权激励	—	—	—	—	—
行长薪酬激励	1	7	3.8	4	2.28
行长越权监督	1	7	4．2	4	1．90
行长专业素质	1	7	3．6	3	3．03

续表

变量	最小值	最大值	平均值	中位数	标准差
公司治理效应	1	7	4．1	3	2．89
人力资源管理	1	7	3．9	3	2．16
市场影响力	1	7	4．4	4	1．87

数据来源：①《中国商业银行竞争力报告2014》；②《中国上市银行年报分析2014》。

根据基础数据，利用Spss软件，得到Pearson检验系数如下表所示。各变量之间的相关系数普遍不高，可见，研究模型不存在多重共线性的问题。

表8-4　Pearson检验系数

	行长薪酬激励	行长越权监督	行长专业素质	公司治理效应	人力资源管理	市场影响力
行长薪酬激励	1．000					
行长越权监督	0．072	1．000				
行长专业素质	0．113	0．102	1．000			
公司治理效应	0．251	0．234	0．470	1．000		
人力资源管理	0．399	0．302	0．522	0．338	1．000	
市场影响力	0．440	0．406	0．333	0．446	0．357	1．000

8.3.4　回归分析

基于样本数据，在样本特征分析的基础上，借用Eviews软件，分别对研究模型进行检验，得回归分析结果如下表所示。

表8-5　回归检验结果

银行竞争力			
变量	公司治理效应 gove	人力资源管理 huma	市场影响力 mark
履职政治关联 propol	0.0367 (2.4762 *)	0.0409 (1.7620)	0.0409 (8.8865 * *)
家族政治关联 redpol	0.0444 (4.7621 * *)	0.0120 (0.9878)	0.0387 (8.8821 * * *)

续表

银行竞争力			
变量	公司治理效应 gove	人力资源管理 huma	市场影响力 mark
行长行政任命 zhen	-0.0333 (8.9812 *)	-0.0491 (2.8901 * *)	-0.0192 1.2872
行长股权激励 shar	0.0612 (7.8642 * *)	0.0126 (1.2871)	0.0176 (0.8797)
行长薪酬激励 wage	0.0543 (4.0618 * *)	0.0387 (8.9752 *)	0.0377 (6.6212 * * *)
行长越权监督 audi	0.0354 (3.8732 *)	0.0289 (11.001 * *)	0.0981 (6.8761 *)
行长专业素质 skil	0.0298 (12.1281 * *)	0.0473 (6.2871 * *)	0.0651 (3.1201 *)
R^2	0. 465	0. 387	0. 290
ΔR^2	0. 002	0. 001	0. 005
Adjusted R^2	0. 467	0. 388	0. 295
Adjusted F 值	176. 19	98. 19	38. 76
P 值（总体显著性水平）	*	* *	* *

注：* 表示 P<0.05；* * 表示 P<0.01；* * * 表示 P<0.001；N=16。

8.4 结论分析与策略改进

8.4.1 检验结论的分析

根据检验结果可知，政治关联视角下上市银行经理层激励对银行竞争力的成长产生了一定的促进作用，其中，行长薪酬激励、行长越权监督和行长专业素质的激励效应最强，行长股权激励也产生了一定的促进效应，同时，行长履职政治关联和行长红色政治关联对银行竞争力的成长也产生了明显的促进效应。具体而言：

（1）行长履职政治关联对上市银行公司治理效应和市场竞争力存在着明显的促进效应，而对人力资源管理缺乏促进功能。可见，行长的履职政治关联越大，对银行整体发展越有利，但对银行竞争力的促进存在着不均衡性，即对银行内部管理事务的促进效应不太明显。也就是说，行长履职政治关联在银行外部关系协调、市场适应、战略转型中产生了有效的作用，对诸如绩效评估、人员培训、产品开发等内部事务影响较少。

（2）家族政治关联对上市银行公司治理效应和市场影响力产生了明显的促进效应，但对人力资源管理缺乏促进功能。家族政治关联是个敏感的术语，不可能存在明确的支持资料，只能根据各种公开信息加以判断。但是，家族政治关联在中国社会是的确存在的，且对政治、经济、文化产生着潜在的影响，而上市银行业也同样如此。因此，行长公司治理的实施，不能忽略家族关系背景的潜在效应。

（3）行长行政任命对上市银行公司治理与人力资源管理存在着显著的负向阻碍效应，对市场竞争力无明显的影响。可见，尽管行长在我国上市银行公司治理中发挥着现实的作用，是公司治理的中枢，但行政任命是一个败笔。如果取消行长的行政任命制，改由职业经理人市场竞聘来产生，就会产生更大的治理成效。在西方商业银行，行长均由董事会聘任，但在我国上市银行，由于董事会并非真正的所有者代表，这种聘任缺乏实际意义，反而会画蛇添足。

（4）行长股权激励对上市银行公司治理存在着明显的促进效应，但对人力资源管理和市场影响力缺乏促进功能。可见，股权激励虽然改进了上市银行的公司治理，但激励功能尚未延伸到银行竞争力的培育。目前，在我国上市银行中，只有个别银行实施了股权激励，效果未置可否，存在着正反两种对立的意见。在本书来看，股权激励的积极作用是存在的，但并不深入，需要随着内外部环境的变化而调整。

（5）行长薪酬激励对上市银行公司治理效应、人力资源管理和市场影响力均存在着促进效应，从而说明我国上市银行薪酬激励存在着现实性的意义。薪酬激励包括年薪和奖金两种基本形式，均可以在短期内付现给行长。但是，如何确定行长的最佳薪酬激励，是实践中的一个难题，现有的研究还没有解决这一问题。

（6）行长越权监督对上市银行公司治理效应、人力资源管理和市场竞争力均存在着显著的促进效应，从而说明对行长监督的必要性。目前，对行长权力实施监督的主要机构是董事会，次要机构是监事会，但是，在现行的经济体制下，内部人控制问题是包括上市银行在内的所有国有控股企业所存在着一个难题，因此，监督效果并不理想。本书检验的结果并不能说明上市银行内部人控制问题得到了妥善的解决，只能说明，如果增加对行长监督的力度，内部人控制问题就会得到很大的缓解。

（7）行长专业素质对上市银行公司治理效应、人力资源管理和市场影响力均存在着显著的促进效应，从而说明行长专业素质在上市银行运营管理中的重要性。在我国金融市场中，行长选聘是行政任命的结果，与政府官员任命并无实质性的区别，从而为行长业务素质的测度带来不确定性，存在着许多主观干扰因素。尽管行长的专业素质越高，公司治理效应越好，银行竞争力越强，但如何找到最佳人选，却是一个有待解决的问题。

8.4.2　经理层治理改进策略分析

（1）改进履职政治关联型行长的精细化管理策略，加强对内部控制、风险管理、绩效考评、人员培训等内部事务的管理力度。在上市银行中，履职政治关联型行长较为常见，但在调查中发现，这类行长对银行业务变革与优化不太注重，专注于战略布局、市场协调、上下衔接，因而不利于银行的整体发展。随着现代金融市场复杂性的提高，潜在的风险因素也在增多，需要引起这类行长的高度警觉。

（2）注重具有家族政治关联背景的行长的选聘，且注重对银行内部事务的管理。家族政治关联的积极效应对上市银行是显而易见的，在同等条件下，应倾向于对具有家族背景的行长的聘任。但是，如果履职政治关联背景行长所存在的问题一样，家族政治关联背景的行长在公司内部事务处理中存在着一定的滞后性，包含风险控制、内部控制、绩效考核、人才培训等方面，因而应引起董事会和监事会的关注。

（3）职业经理人市场培育是我国上市银行经理人治理改革的重要方

向，这一点，早已被我国银行界所熟知，但是，由于存在着各种行政性的阻碍因素，十多年来，我国上市银行职业经理人市场的培育几乎没有丝毫进展。如果存在健全的职业经理人市场，不仅可以选拔出优秀的各级管理人员，还可以实现对在位人员的持续激励，大幅度降低代理成本。当在位人员感到被替代的威胁时，就会尽心尽责，约束自己的机会主义，全力谋求战略决策的有效性，以维护和巩固自己的既得利益。

（4）积极探索包括股权激励在内的中长期激励的优化方式，逐步提高股权激励在行长激励中的作用。从长远来看，股权激励的效应是存在的，会通过对公司治理的改善而促进银行竞争力的成长。尽管股权激励在西方银行业驾轻就熟、炉火纯青，但在我国上市银行中举步维艰，关键原因是我国上市银行普遍缺乏股权激励的技能和经验，且在借鉴西方银行股权激励方法时又囫囵吞枣，导致股权激励流于形式。

（5）注重薪酬激励的公平性和有效性，逐步提高薪酬激励的力度。目前，上市银行薪酬激励的非公平性主要体现于两点：一是行长薪酬与员工薪酬差距过大，在一定程度上挫伤了员工的积极性；二是不同上市银行行长之间的薪酬差距过大，达三、四倍之多，挫伤了部分行长的积极性。这两种现象在我国上市银行较为常见，阻碍了薪酬激励机制的优化和改进。2009 年 2 月 10 日，财政部下发了中国版的“限薪令”，规定国有控股类金融企业税前年薪不得超过 280 万人民币，看来，这一限令并非得到有效执行。

（6）界定监督机构对行长监督的范围，避免政出多门、相互冲突，反而损害了行长监督的效能。在我国上市银行中，除了各类外部监管机构外，如证监会、银监会、人民银行、审计署等，企业内部董事长、内部董事、外部董事、监事会主席、股东监事、外部监事、职工监事均具有对银行行长的监督权，但现有的各类法规条文中并没有清晰界定这些监督主体的职责范围，因而未能形成有效的监督合力。

（7）推进我国上市银行及金融系统的职业经理人市场建设，引入行长竞聘机制，持久优化行长专业素质。金融领域职业经理人市场在西方社会日渐成熟，但在中国金融市场却举步维艰，尚属不毛之地。相反，包括银行业在内的我国金融领域的内部人控制问题并没有明显的减缓迹象，行政任命制很难解决内部人控制问题，与市场经济的理念也格格不入。当然，行长市场竞聘机制的引入在我国上市银行还较为遥远。

8.5　本章小结

本章研究了上市银行经理层治理对银行公司治理及竞争力的促进效应，将经理层政治关联分为履职政治关联和家族政治关联两个要素，构建了相应的研究模型，并基于上市银行年度报告及其他各种公开或调查数据对研究模型进行了检验，发现了经理层治理要素的优势功能及不足之处，提出了经理层治理的改进策略。

第九章　我国上市银行信息披露治理效应研究

9.1　我国上市银行信息披露分析

信息披露是公司治理的六大要素之一，是促进公司治理完善和成长的平台，对董事会治理、监事会治理、经理层治理等其他治理因素均存在着监督作用。信息披露是资本市场的核心问题之一，是公司向现在和潜在的投资者传递经营信息和财务信息的重要途径，因此，信息披露的质量不仅影响到资本市场的健康发展，也影响到公司的运营绩效。根据公司治理的预定目标，信息披露可以降低信息不对称的程度，减少资本运作成本，提升公司的市场价值。同样，在上市银行公司治理中，信息披露一直得到较高的重视。

我国上市银行内部控制信息披露的要求主要体现在四项制度中：一是证监会发布的《公开发行证券的公司信息披露内容与格式准则第2号——年度报告的内容与格式》，二是证监会于2000年12月发布的《公开发行证券公司信息披露编报规则第7号——商业银行年度报告内容与格式特别规定》，三是人民银行于2002年5月发布了《商业银行信息披露暂行办法》，四是证监会于2003年3月发布的、用于取代《第7号编报规则》的《公开发行证券公司信息披露编报规则第18号——商业银行信息披露特别规定》。

在这四项制度中，对上市银行内部控制信息披露的具体要求包含七点内容：①监事会在报告中就“公司依法运作情况”发表独立意见时，应包含上市银行是否建立了完善的内部控制制度等内容；②上市银行应对内部控制制度的完整性、合理性和有效性做出说明；③应委托银行所聘请的会计师事务所对内部控制制度的“三性”进行评价，提出具体的改进建议，并出具评价报告；④当银行所聘请的会计师事务所指出“三性”存在严重缺陷时，董事会应对此予以说明；⑤当董事会对“三性”的严重缺陷做说明时，监事会也应就董事会所做的说明表达明确的意见；⑥会计师事务所评价报告应随年度会计报表一并报送中国证监会和证券交易所；⑦在披露操作风险状况时，应对上市银行内部控制制度的“三性”做出说明。

上市银行信息披露一直是上市银行公司治理研究的一个重要方向，积累了一定的研究成果，为信息披露实践的深化提供了一定的理论支持。宋京津（2011）探讨了上市银行内部控制信息披露问题，认为内部控制信息披露是资本市场发展到一定阶段的产物，是财务报告的延伸，不仅增加了财务报告决策的有用性，也隐含着投资者、注册会计师、市场监管部门、上市公司管理当局各方之间的利益关系。马威、靳荆（2012）认为我国上市银行信息披露的弊端主要表现在披露制度建设滞后、信息披露不充分、信息披露不真实、信息披露存在时间滞后等问题，进而提出了改善上市银行信息披露的对策，主要包括改善信息披露的内外部环境、强化信息披露制度的规范性、提高会计附注信息披露的程度、逐步增加自愿性信息披露、处理好保密性和透明性之间的关系。周红、武建（2013）研究了信息披露对商业银行市场约束的影响，认为中国上市银行存在着市场约束效应，即银行经营者会根据资本市场所反映出来的银行风险水平的变动来调整自身的资产负债率，发现信息披露的强度与市场约束的效果正相关。于卫兵、韩倩（2015）探讨了上市银行会计报表附注信息披露机制，认为主要问题是信息披露的格式不统一、信息披露的内容不完整、风险信息披露不足，主要原因是信息披露制度不具有前瞻性、相关规范之间存在冲突、对报表附注信息披露的重要性认识不足。

现有研究探讨了上市银行信息披露的重要性、信息披露的弊端、信息披露对商业银行市场约束的影响、会计报表附注信息披露机制的问题，具有一定的现实意义，但是，现有的研究没有关注政府参与对信息披露的影响，没有揭示政府参与在上市银行信息披露中的作用，与上市银行信息披露的实践不太相符。事实上，我国上市银行是高度政府参与的金融实体，表现在董事长、总经理、行长政治关联及行政任命等方面，对信息披露的及时性、有效性和准确性自始至终存在着制约或束缚。

政治关联是现代公司治理中无法回避或避免的现象，是指公司高管层通过与政府的非正式关系来为企业谋取利益的行为，但目前并没有一致的概念。Bertrand（2006）认为政治关联是指企业 CEO 曾在政府部门或公共服务事业单位担任过职务，或者毕业于精英院校，与政府要员存在着密切的私人关系。Faccio M.（2006）认为政治关联（Political Connection）是指一个企业想方设法与政府部门建立良好的、密切的、融洽的关系，且政治关联在全球范围内是一个普遍的现象，尤其在产权保护较弱的国家或地区更为突出。Ferguson 和 Voth（2008）认为政治关联是指企业的董事会或监事会成员与执政党或政府要员之间存在着较为密切的关系。

尽管上市银行信息披露政治关联的研究处于缺失状态，但在其他行业中，政治关联视角下信息披露的研究取得了一定的进展，可以为上市银行信息披露政治关联的研究提供一些理论支持。武剑锋、叶陈刚（2015）探讨了政治关联在环境信息披露中的角色，发现政治关联与企业环境信息披露呈现负相关的关系，会抑制环境绩效给环境信息披露带来的积极效果。罗双发、欧晓明、赖艳（2015）研究了政治关联视角下企业社会责任信息披露问题，发现政治关联的程度越高，信息披露的效果越好，且政府官员类政治关联比代表委员类政治关联对信息披露的促进效果更显著。王成方、林慧、于富生（2013）基于政府干预的视角研究了政治关联对社会责任信息披露的影响，发现在非国有控股公司中，政治关联对社会责任信息披露的促进效应要高于国有控股公司。林润辉、谢宗晓、李娅（2015）基于政府补助的视角研究了政治关联下环境信息披露质量问题，发现政治关联对上市公司环境信息披露存在着正向的影响。刘春苗（2012）通过沪深两市 647 家上市公司样本的分析发现，企业高管的政治关联与信息披露之间存在着不确定性。吴明礼、戴荣波

（2015）研究了政治关联下信息披露对债务融资成本的影响，发现政治关联的存在削弱了信息披露的质量。姚圣（2011）在研究政治关联下上市公司环境信息披露时，将政治关联指数定义为公司高管中具有政治背景人数的比例。李强、冯波（2015）研究了环境规制下政治关联对环境信息披露的影响，发现高管政治关联企业对环境信息披露质量对环境规制的敏感性更强。王孟怡、洪桌尔（2012）研究了政治关联下社会责任信息披露问题，发现政治关联与公司信息披露之间存在正相关性，国家控股越高的企业，信息披露越全面。司茹（2013）认为，作为一种特殊的公司资源，政治关联可以影响到上市公司信息披露的质量，即上市公司为了获取政府的资源倾斜，可能进行选择性的信息披露或者包装后的信息披露。

政府参与视角下信息披露的研究是一个较为繁杂的问题，不仅包含信息披露的政府参与的影响因素，也包含信息披露对公司治理绩效的影响及对公司竞争力的影响，这种现状在银行业也存在。不仅如此，银行业信息披露的政府参与效应比其他行业更为复杂，因为上市银行与政府机构存在着千丝万缕的联系，时刻受到政府宏观经济金融政策的影响。可见，政府参与视角下上市银行信息披露质量的研究具有现实的价值和意义。

9.2　研究模型的设计

新巴塞尔资本协议关于信息披露的规定主要体现在资本结构、风险暴露和资本充足率三个方面。在资本结构方面，新协议认为，银行机构应每年或者在合适的情况下更频繁地公开披露资本结构、资本构成和资本工具的期限与条件等信息，披露资产与负债价值评估、呆账准备和收入确认的会计原则等信息。在资本充足率方面，新协议认为，银行机构应每年公开披露资本比率的相关信息，以及按新巴塞尔协议计算方法得到的风险暴露情况，同时披露影响资本充足率的因素，并鼓励银行披露经济资本分配的结构和过程。在风险暴露方面，新协议认为，银行应披露风险管理和风险暴露方面的信息，并将披露范围由信贷风险扩展到包括信贷、市场、操作、法律等风险在内的全面风险。

在政治关联视角下上市银行信息披露的研究没有特别关注到信息披露质量的影响因素，但可以从其他行业信息披露的相关研究中提取一些有价值的信息。Eng 和 Mak（2003）发现，净资产收益率、独立董事比例、管理层持股、国家持股比例与公司规模等要素与公司的自愿性信息披露呈正相关，而负债比率与公司自愿性信息披露呈现相关。张志平、方红星（2013）在研究政治关联下公司信息披露时，认为以下因素对信息披露质量存在着影响：监事会规模、独立董事比例、聘请十大审计、两职兼任、公司规模、财务杠杆、行业属性、资产报酬率、审计意见类型、成长性、年度、股权集中度、审计委员会类型。吴明礼、戴荣波（2015）在研究政治关联下的信息披露时，认为对信息披露的影响因素包括公司规模、负债水平、权益融资能力、盈利能力、公司成长性、经营现金流量、资产期限、行业、年度。

上市银行信息披露中政治关联的认定目前也无先例可循，但也可以从相关研究中吸取灵感。林润辉、谢宗晓、李娅（2015）在研究政府补助中政治关联对信息披露的影响时，认为董事长或总经理曾任或现任政府官员、人大代表或者政协委员，则认为存在政治关联。罗双发、欧晓明、赖艳（2015）在研究政治关联对企业社会责任信息披露的影响时，根据公司高管曾任或现任的政府职务和公务员的行政级别来综合确定政治关联的强度，主要通过公司官网、企业年报及其他渠道来确定政治关联的相关信息。吴明礼、戴荣波（2015）在研究政治关联下信息披露对债务融资成本的影响时，认为政治关联是指上市公司的实际控制人、董事长或 CEO 正在或曾经在政协、人大、政府机关任职。张志平、方红星（2013）在研究政治关联下的信息披露时认为，如果公司董事长或总经理曾经或现在担任政协委员或人大代表，则认为存在政治关联。

显然，借鉴相关研究成果，结合上市银行信息披露的调查性认识，可知，在政治关联视角下，上市银行董事会、监事会、经理层、独立董事政治关联对信息披露均存在着不同程度、不同方向、不同范围的影响，主要表现为董事长政治关联、监事会主席政治关联、行长政治关联、独立董事政治关联，并形成最终的综合信息披露效应。在上市银行年报中“管理层讨论与分析”的部分，主要披露经济金融与监管环境分析、财务报表分析、业务综述、风险管理、资本管理及未来战略发展等部分。但是，由于高管存在着各自的利益倾向，必然对不利于自身利益的披露内容给予干预，从而导致整体信息披露质量的下降。

上市银行信息披露质量包括多个要素，涉及多个方面。王丽娜、朱卫东（2011）构建了商业银行风险信息披露评价体系，包括信用风险披露、流动性风险披露、市场风险披露和操作风险披露，并用模糊评价法对风险信息披露的质量进行评价。杨肃昌、万湘媛（2012）认为上市银行信息披露的质量可以从可信度、广泛度、客观度、重视度、表现度、便捷度六个方面来考察，其中，可信度是指人们所感知的对财务报告的信任程度，广泛度是指财务报告中所包含主题的数量，客户度是指所披露的信息是否得到客观统计数据的支持，重视度是指银行对信息披露的重视程度，表现度是指银行对信息披露改进的努力程度，便捷度是指根据财务报告进行信息查阅的方便和快捷程度。巴曙松、王超、张旭（2006）解析了中国上市银行信息披露评估指数体系，包括合规项目披露指数、自愿披露比例、自愿披露风险性项目比率、风险性信息自愿披露比率、自愿披露指数等。

深交所每年公布上市银行信息披露的质量，分为优秀、良好、合格、不合格四个等级。不过，在历年的评审结果中，评级结果是优秀和不合格的银行数量较少，大多数是良好或合格。总体而言，上市银行信息披露比非上市银行信息披露更为全面和详尽。在上交所或深交所上市的银行中，信息披露必须满足中国证监会的监管要求，而在内地和香港同时上市的银行的信息披露要同时满足内地和香港的监管要求。由于香港对信息披露的要求较为严格，因此，在内地和香港同时上市的银行的信息披露要比仅在内地上市的银行做得更完备，以便投资者了解更多的信息。

关于高管政治关联，目前并没有形成一种规范性的概念，从而为政治关联的测度带来一定的难度。现有研究认为，政治关联一般是指公司的高管层的政治履历，即曾经或目前在政府、人大、政协、军队、公检法等部门担任重要职务。事实上，在中国现实的环境下，真正意义上的政治关联远不止这些，还应包括公司高管的政治性家族背景，因为政治背景与家族背景又存在着千丝万缕的联系，同时，政治关联也应包括政府对企业的支配和控制。在本书中，限于相关信息的制约，将政治关联认定为上市银行董事长、监事会主席、总经理（行长）曾经或目前在政府部门、金融监管机构、政协、人大担任过重要职务，并分别采用虚拟变量表示。

综上所述，在本书中，选择信息披露的及时性、有效性和完备性作为上市银行信息披露质量的测度要素，并选择董事长政治关联、监事会主席政治关联、总经理政治关联、独立董事政治关联、董事长行政任命、监事会主席行政任命、总经理行政任命、独立董事行政任命作为政府参与的影响因素，可以构建如下研究模型组。

$$inst = \beta_0 + \beta_1 bpoli + \beta_2 apoli + \beta_3 mpoli + \beta_4 dpoli + \beta_5 bgove + \beta_6 agove + \beta_7 mgove + \beta_8 dgove + u$$

$$effe = \beta_0 + \beta_1 bpoli + \beta_2 apoli + \beta_3 mpoli + \beta_4 dpoli + \beta_5 bgove + \beta_6 agove + \beta_7 mgove + \beta_8 dgove + u$$

$$comp = \beta_0 + \beta_1 bpoli + \beta_2 apoli + \beta_3 mpoli + \beta_4 dpoli + \beta_5 bgove + \beta_6 agove + \beta_7 mgove + \beta_8 dgove + u$$

表 9-1　模型变量及系数信息描述

变量名称	变量符号	变量性质	对应系数	系数预期符号
董事长政治关联	bpoli	解释变量、二分变量	β_1	（+/-）
监事会主席政治关联	apoli	解释变量、二分变量	β_2	（+/-）
总经理政治关联	mpoli	解释变量、二分变量	β_3	（+/-）
独立董事政治关联	dpoli	解释变量、二分变量	β_4	（+/-）

续表

变量名称	变量符号	变量性质	对应系数	系数预期符号
董事长行政任命	bgove	解释变量、二分变量	β_5	（+/-）
监事会主席行政任命	agove	解释变量、二分变量	β_6	（+/-）
总经理行政任命	mgove	解释变量、二分变量	β_7	（+/-）
独立董事行政任命	dgove	解释变量、二分变量	β_8	（+/-）
信息披露及时性	inst	被解释变量		
信息披露有效性	effe	被解释变量		
信息披露完备性	comp	被解释变量		

注：（+）表示正相关，（-）表示负相关，（+/-）表示不确定。

各变量的意义如下表所示。

表9-2　变量定义表

变量名称	操作性定义及变量值
董事长政治关联	董事长曾经或目前在政府部门、金融监管部门、政协、人大等机构担任较为重要的职务，是则取值为1，否则取值为0
监事会主席政治关联	监事会主席曾经或目前在政府部门、金融监管部门、政协、人大等机构担任较为重要的职务，是则取值为1，否则取值为0
总经理政治关联	总经理（行长）曾经或目前在政府部门、金融监管部门、政协、人大等机构担任较为重要的职务，是则取值为1，否则取值为0
独立董事政治关联	半数或半数以上独立董事曾经或目前在政府部门、金融监管部门、政协、人大等机构担任较为重要的职务，是则取值为1，否则取值为0
董事长行政任命	如果董事长的任命倾向于行政指派，则取值为1；如果董事长的任命倾向于内部推选，则取值为0

续表

变量名称	操作性定义及变量值
监事会主席行政任命	如果监事会主席的任命倾向于行政指派，则取值为1；如果董事长的任命倾向于内部推选，则取值为0
行长行政任命	如果行长的任命倾向于行政指派，则取值为1；如果董事长的任命倾向于内部推选，则取值为0
独立董事行政任命	如果独立董事的任命倾向于行政指派，则取值为1；如果董事长的任命倾向于内部推选，则取值为0
信息披露及时性	所有的报表及报表附注的信息在证监会规定的时间内披露出来
信息披露有效性	上市银行所披露的信息可以有些地满足投资者、员工、股东、社会公众及其他利益相关者的信息需求
信息披露完备性	上市银行所披露的信息较为全面，反映了银行运营的各个方面

9.3 模型检验

9.3.1 样本数据来源

本研究拟以我国16家上市银行的相关信息作为样本数据，数据源包括如下各个出处：①SCMAR数据库；②Wind数据库；③由史英哲、王胜春编著、清华大学出版社出版的《中国上市银行年报分析（2014）》；④由王松奇主编、社会科学文献出版社出版的《中国商业银行竞争力报告（2014）》；⑤由张诈禄、杨丹著、经济科学出版社出版的《中国上市公司自愿性信息披露报告（2014）》；⑥根据本课题组访谈资料整理；⑦根据其他各种公开资料整理。

9.3.2 变量取值说明

上市银行高管层政治关联或行政任命虚拟变量的取值，主要是根据公开资料汇总后进行综合判断，再聘请三位银行业资深专家进行确认，具体取值说明如下：

（1）董事长政治关联虚拟变量取值根据上市公司年报和其他相关公开资料来综合判断。

（2）监事会主席政治关联虚拟变量取值根据上市公司年报和其他相关公开资料来综合判断。

（3）总经理政治关联虚拟变量取值根据上市公司年报和其他相关公开资料来综合判断。

（4）独立董事政治关联虚拟变量取值根据上市公司年报和其他相关公开资料来综合判断。

（5）董事长行政任命虚拟变量的值根据董事长个人履历、业务素质、社会背景等公开信息来综合判断，再由权威专家来确定。

（6）监事会主席行政任命虚拟变量的值根据监事会主席个人履历、业务素质、社会背景等公开信息来综合判断，再由权威专家来确定。

（7）行长行政任命虚拟变量的值根据行长专业水平、任职履历、个人关系等公开信息来进行综合判断，再聘请权威专家来确认。

（8）独立董事行政任命虚拟变量的值根据独立董事的聘任过程、社会背景、职责行使、社会关系等公开信息来进行综合判断，再聘请权威专家来确认。

（9）信息披露及时性、信息披露有效性、信息披露完备性根据上市银行年报、上市公司自愿性信息披露报告及其他公开信息，由三名公司治理评估专家综合评估而成，分值采用李克特 7 点量表。三名评估专家分属于上海证券交易中心、深圳证券交易中心、南开大学公司治理评价组，具有较高的公司治理评估水准。

9.3.3　回归分析

基于样本数据，在样本特征分析的基础上，借用 Eviews 软件，分别对研究模型进行检验，得回归分析结果如下表所示。

表 9－3 回归检验结果

变量	信息披露质量		
	信息披露及时性 inst	信息披露有效性 effe	信息披露完备性 comp
董事长政治关联 bpoli	0. 0298 (6. 6541＊＊)	0. 0391 (2. 5490＊)	0. 0120 (0. 7761)
监事会主席政治关联 apoli	0. 0184 (0. 2261)	0. 0762 (3. 1761＊＊)	0. 0211 (1. 0726)
行长政治关联 mpoli	0. 0201 (3. 4761＊＊)	0. 0302 (6. 9806＊)	0. 0187 (1. 0921)
独立董事政治关联 dpoli	0. 0387 (12. 2761＊＊)	0. 0298 (3. 9801＊＊)	0. 04404 (7. 6545＊)
董事长行政任命 bgove	－0. 0255 (5. 8945＊)	－0. 0300 (7. 1980＊＊)	－0. 0176 (1. 8762)
监事会主席行政任命 agove	－0. 0154 (1. 0891)	－0. 0323 (4. 4481＊＊)	－0. 0011 (0. 7887)
行长行政任命 mgove	－0. 0363 (8. 8878＊＊)	－0. 0091 (1. 7676)	－0. 0262 (3. 3981＊)
独立董事行政任命 dgove	0. 0289 (9. 7891＊＊)	0. 0109 (0. 7687)	0. 0043 (1. 6365)
R^2	0. 370	0. 387	0. 291
ΔR^2	0. 002	0. 001	0. 003
Adjusted R^2	0. 372	0. 388	0. 294
Adjusted F 值	89. 09	49. 11	76. 98
P 值（总体显著性水平）	＊	＊＊	＊

注：＊表示 P<0.05；＊＊表示 P<0.01；＊＊＊表示 P<0.001；N=16。

9.4 检验结果的分析

根据检验结果可知，总体而言，基于政府参与的视角，高管层的政治关联有助于上市银行信息披露机制的完善，而高管层的行政任命阻碍了上市银行信息披露机制的完善。可见，政府参与在信息披露中呈现双重效应。

董事长政治关联、监事会主席政治关联、行长政治关联和独立董事政治关联不同程度地推进了信息披露的及时性、有效性和完备性，可见，高管层在信息披露中的治理作用主要依靠个人关系和政治背景来实现。为了维护自身的政治地位或者社会声誉，高管层也要依据公司治理的规则作出一些有效的治理行为。如果追根溯源，这种行为其实主要是行政力量在起作用，而不完全是公司治理机制和职能的发挥。

同时，董事长行政任命、监事会主席行政任命、行长行政任命和独立董事行政任命不同程度地制约了信息披露的及时性、有效性和完备性。可见，高管层的行政任命，对于信息披露而言是一个负面的影响。当高管层一旦通过行政手段谋取职位后，就可能淡化对自身职能的行使，明哲保身。

我国上市银行在信息披露上普遍缺乏动力，信息披露的意愿不强，如果仅靠外部行政力量的驱动，不可能产生太大的进展，因此，在很大程度上寄希望于监事会与独立董事的驱动。就目前的情况来看，由于监事会和独立董事制度建设均流于形式，很难在短时间内得到改变，因此，对信息披露驱动将是一个缓慢的改进过程。

政府参与对上市银行信息披露的影响明显存在着双重效应，这是中国特有的治理环境下所发生的现象，与西方银行治理存在着较大的差异。可见，我国上市银行信息披露的改进，不能沿袭西方商业银行的模式，应该寻求自身的路径，即如何在政府干预的双重效应下实现信息披露制度的完善。

从公司治理的视角来看，上市银行信息披露的完善应考虑以下方式：一是降低高管层行政任命的色彩，多考虑银行系统内部的意见，力争选拔到责任心强、业务素质高、具有企业家魄力的人选；二是加强外部市场治理的建设，充分发挥职业经理人市场、产品市场、资金市场、控制权市场对高管人员的约束作用，提高高管人员的自律意识，加大对信息披露的重视；三是特别重视独立董事的作用，尽快构建起健全的独立董事市场，启动独立董事的竞聘机制，减少或直接废除独立董事的行政任命制；四是在推进经济体系改革的同时，也要适当推进政治体制改革，因为有些障碍性的因素是制度性的因素，不是市场机制所能调节的。

总之，我国上市银行的公司治理是一种非常特殊的公司治理模式，不仅与英美模式、德日模式、东南亚模式不同，也与东欧转轨模式存在着很大的差异。信息披露的推进，需要治理机制和行政规制的同步实施。

9.5 本章小结

本章研究了上市银行政府参与对信息披露质量的影响，将政治关联分为董事长政治关联、独立董事政治关联、经理层政治关联和监事会主席政治关联四个要素，同时将信息披露质量分为及时性、有效性和完备性三个要素，构建了相应的研究模型，并以上市银行年度报告及其他各类公开或调查数据为基础，对研究模型进行了检验，发现政治关联对信息披露质量的促进机理，基于政治关联的视角提出了上市银行信息披露质量改进的具体策略。

第十章　我国上市银行社会责任治理效应研究

10.1　我国上市银行社会责任分析

1924年，美国经济学家Laura P. Hartman提出“公司社会责任”（CSR）的概念，提出这样一种理念，即企业在经营过程中既要注重经济利益，也要关注社会利益，主要包含企业对员工、客户、投资人、社区的责任等。目前，现在西方社会在对企业实施业绩评估时，已经将社会责任作为一项重要的测度指标。《财富》《福布斯》在企业评比时也先后加入“社会责任”的标准。1997年，社会责任国际组织制定了SA8000标准，得到了许多其他国际组织和跨国公司的响应，内容涉及工资报酬、种族歧视、童工、健康与安全、强迫劳动等。随后，一些与企业社会责任相关的企业标准，如“道琼斯可持续发展指数”和“多米尼道德指数”相继推出，进一步强化了企业的社会责任意识。

利益相关者治理是传统公司治理的六大要素之一，也是近年来现代公司治理最为瞩目的方向。企业社会责任的履行体现了利益相关者治理的理念和思想，是利益相关者治理的现实体现。管理学大师彼得·德鲁克认为，在现代经济社会中，任何一个组织不只是为了自身的发展，也是为社会而存在，企业也不例外。自20世纪末以来，欧美企业普遍开始重视社会责任的承担，以谋求公司的长远发展。事实证明，企业社会责任的行使和企业自身的发展并不冲突，在长远看反而存在着融合的趋势。

20世纪80年代，在美国兴起了恶意收购的浪潮，使人们开始怀疑“股东赢”的公司治理价值观的合理性。在恶意收购时，控股股东通过重组炒作来提高公司的股票价值，再转手倒卖，为股东获取巨额利润。然而，恶意收购也导致了大量裁员、管理成本的上升、社区捐赠的减少，严重损害了企业的相关者利益。此后，美国各州相继修改了公司法，要求上市公司在收购时要考虑利益相关者的利益。

OECD 在发布的《公司治理结构原则》中明确指出："公司治理结构的框架应当确认利益相关者的合法权利……公司的最终成功是集体力量的结果，体现了各类资源所做出的共同贡献，包括投资者、雇员、债权人和供应商。"1997 年，美国国际社会问责组织推出了"企业社会责任国际标准"(Social Accountability 80000)，导致"企业社会责任"（CSR）成为备受关注的焦点之一。1991 年，弗里德曼提出了利益相关者理论，为企业社会责任的研究奠定了理论基础，也为企业社会责任研究的进展提供了理论框架。

21 世纪初，利益相关者理论传入我国，逐渐被我国社会所吸纳。2002 年，我国在制定的《上市公司治理准则》中指出："上市公司应尊重利益相关者的合法权利，与利益相关者积极合作，共同推进公司的发展。在实现股东利益最大化的同时，也应关注所在社区的福利、环保、公益事业，重视公司的社会责任"。2006 年初，我国《公司法》引入"企业社会责任"的概念，同年 9 年，深交所在发布的《上市公司社会责任指引》中又将"企业社会责任"引入上市公司，鼓励上市公司积极承担相应的社会责任。2008 年，国务院国资委在《关于中央企业履行社会责任的指导意见》中号召中央直属企业积极地履行自己的社会责任。

在利益相关者理论的驱动下，以及在企业社会责任理念的感召下，我国银行业也逐渐明确和实施了社会责任战略。2009 年，中国银行业协会在发布的《中国银行业金融机构企业社会责任指引》中，认为银行的社会责任是指银行对股东、员工、消费者、商业伙伴、政府、社区等利益相关者所应承担的经济、法律、道德和慈善责任，目的是为了促进社会与环境的可持续发展，进一步明确银行利益相关者的内涵和外延。

近年来，商业银行社会责任的研究引起了金融界的关注，出现了一些探索性的成果，为银行社会责任研究的深化做好了铺垫。张长弓、曾思薇（2007）认为，在商业银行的经营活动中，社会责任的表现就是一切从客户需求出发，重新审视并设计银行的业务流程，合理规划和组织包括内控、财务和风险控制在内的管理活动，为客户创造更大的价值、为员工谋取更多的福利、为银行获取更多的利润。朱明秀（2011）研究了上市商业银行财务业绩、CEO 薪酬与社会责任之间的相关性，认为上市银行利益相关者包括政府、股东、员工、客户、社区五种主要类型，对利益相关者贡献的对应评价指标分别是纳税总额、净利润、工资和福利总额、利息支出总额、对外捐赠总额。上海农商银行课题组（2013）研究了我国商业银行公司治理中的社会责任和金融消费者权益保护问题，提出了消费者权益保护的具体策略：健全金融消费者权益保护的法律制度、构建消费者权益保护的组织框架、督促商业银行将消费者权益保护嵌入到银行的业务流程之中、构建金融消费者权益保护的教育体系。

在中国现有的金融环境下，银行社会责任的实施必然受到政治关联的影响，主要受到董事会、独立董事、监事会、经理层政治关联的影响。当然，董事会政治关联和独立董事政治关联往往存在着差异，前者主要是董事长政治关联在起作用，与后者的独立董事的政治关联效应往往相反。显然，现有的银行社会责任的研究没有关注到这一点，即没有关注到各类高管政治关联对社会责任行使效果的影响。

不过，政治关联视角下社会责任的研究在其他行业频繁出现，为银行业社会责任的政治关联效应的研究提供了一些可行的借鉴。张川、娄祝坤、詹丹碧（2014）基于中国化工行业上市公司的数据检验了政治关联对财务绩效的影响，发现代表委员类政治关联可以提高企业的财务绩效，从而更好地履行社会责任，而政府官员类政治关联反而降低了企业的财务绩效，且对企业社会责任的影响并不显著。孔龙、李蕊（2015）基于食品饮料行业上市公司的数据研究了政治关联对企业社会责任的影响，发现政治关联可以有效地促进饮料行业上市公司社会责任的行使，进而提升公司的财务绩效，且两者之间存在高度的正相关性。彭中文、倪佳杰（2014）基于高端装备制造业上市公司的面板数据从内部治理的视角检验了政治关联对企业社会责任的影响，发现政治关联可以通过对股权集中度、独立董事、监事会规模、高管薪酬的影响而影响到企业的社会责任，且一般对企业的社会责任存在着正向的影响。高冰、杨艳（2015）研究了管理者政治关联、社会责任和企业绩效之间的相关性，发现管理者政治关联可以通过对社会责任的促进而推进企业绩效的增长，即管理者政治关联通过提高企业社会贡献水平和社会责任披露的质量而有利于企业的长远发展。王孟怡、洪卓尔（2012）研究了股权集中度、政治关联与企业社会责任之间的关系，发现政治关联与企业社会责任信息披露呈正相关。衣凤鹏、徐二明（2014）基于中国上市公司的数据检验了高管政治关联与企业社会责任直接的关系，发现高管政治关联对企业社会责任存在显著的正向影响，且所在地区的市场化发展水平越高，这种影响越显著。衣凤鹏、徐二明（2014）研究了高管政治关联对企业社会责任的影响，发现高管政治关联可以传递政府部门及其他利益相关者对企业的控制和压力意图，从而显著地影响到企业的社会责任，且利益相关者压力的差异也使高管政治关联的特征产生差异。朱蓉、徐二明（2015）研究了银行高管政治关联、社会责任和企业绩效之间的相关性，发现银行高管政治关联有利于银行推进社会责任战略和绿色金融战略，进而通过金融杠杆推进产业结构的调整，最终促进商业银行和地区经济的同步发展。

可见，社会责任的政治关联效应基本上源于高管的政治关联，即董事长、总经理、监事会主席、独立董事的政治关联，是这些政治关联的综合效应。因为各类高管的政治关联效应可能是一致的，也可能是相冲突的。为了更有效地揭示上市银行社会责任机制及效应的微观机理，就必须引入政治关联要素。因此，政治关联视角下上市银行社会责任效应的研究具有现实的价值和意义。

10.2 研究模型设计

10.2.1 上市银行社会责任的实施现状

在当代欧美国家，银行社会责任受到了广泛的关注和重视，并采取了一系列切实可行的策略来强化社会责任的实施。知名度较高的银行，对社会责任的贡献力度也越大。金融界的“百年老店”、长盛不衰的 J. P. 摩根银行创始人曾说：“我们之所以长盛不衰，就是我们始终如一地奉行对社会负责的经营理念，不会在主导市场的情况下操纵金融市场来赚取不义之财，在任何时候不会做出危害社会和经济稳定的行为。”

近年来，巴莱克银行（Barclays）将推动企业的可持续融资和社区投资作为自己主要的社会责任，渣打银行（Standard Chartered）将支持艾滋病防范和康复事业作为自己的主要社会责任，汇丰银行（HSBC）将减少碳排放、支持环保作为自己主要的社会责任，花旗银行（Citigroup）将减少碳排放、尊重员工多样性作为自己主要的社会责任，荷兰银行（ABN AMRO）将构建利益相关者保护原则、贯彻可持续发展标准作为自己的主要社会责任，美洲银行（Bank of America）将关注单亲家庭、关注少数民族职工、推行员工福利政策作为自己主要的社会责任，Wachovia 银行将支持低收入家庭住房和社区基础设施建设作为自己主要的社会责任。

2006 年 6 月 23 日，上海浦发银行率先发布了《企业社会责任报告》，开创了我国商业银行发布社会责任的先例。随后，工商银行、交通银行、兴业银行和招商银行陆续发布了社会责任报告，将银行业对社会责任的关注推进到一个新的层面。2007 年 4 月，上海银监局发布了《上海银行业金融机构企业社会责任指引》，标志着银行监管机构对银行社会责任关注的开始。2008 年，中国银行业协会（CBA）发布了《中国银行业社会责任报告》，对银行社会责任进行了系统而全面的概括。同年，中国金融网发布了《社会责任 · 赢未来——2008 中国城市商业银行社会责任报告》，从媒体的视角第一次评判了城市商业银行在社会责任上的行为业绩。

目前，一些银行建立了专门的社会责任工作管理团队。工商银行建立了战略管理与投资关系部，国家开发银行建立了教育培训局，兴业银行建立了社会责任领导小组和社会责任办公室，交通银行建立了企业文化局，建设银行建立了公共关系部。其中，2007 年，交通银行在董事会下设置了社会责任管理委员会，并制定了《交通银行股份有限责任公司董事会社会责任、委员会工作条例》，由行长担任社会责任委员会主任，主要负责制定社会责任战略和政策，审核设计环境与可持续发展的授信政策，根据相关工作条例和董事会授权开展工作，同时对社会责任的履行情况进行监督、检查和评估。

10.2.2 政府参与下上市银行社会责任实施的影响因素分析

政府参与视角下上市银行社会责任实施的影响因素较多，但目前并没有较为一致的规范，但可以借鉴其他行业政治关联的社会责任效应研究来梳理。衣凤鹏、徐二明（2014）在研究公司高管政治关联对企业社会责任的影响时，引入了公司规模、公司风险、财务绩效作为控制变量，其中，公司规模用公司资产的对数来表示，公司风险用资产负债率来表示，财务绩效用资产收益率来表示。吴京辉（2010）以中小企业融资问题为中心探讨了国有商业银行的社会责任，其指出，由于国有商业银行具有特殊的外部性和公共性，应当加大对中小企业的信贷支持，缓解中小企业融资难的问题。刘志云（2011）研究了我国商业银行践行社会责任的内部监督机制，指出了内部监督机制建设所存在的问题，提出了内部监督的改进策略，包括建立专门的社会责任践行团队、建立对外金融业务的社会责任管理制度、完善内部社会责任管理制度、完善银行社会责任的信息披露制度。

根据现有的在政府参与视角下社会责任效应的研究，再结合上市银行公司治理的运营实践，可以推知，上市银行社会责任的政府参与效应一般受董事长政治关联、监事会主席政治关联、行长或副行长政治关联、独立董事政治关联及行政任命的综合性影响，从而产生总的政府参与效应。

在政府参与之外，上市银行社会责任的实施还受到多种因素的影响，主要与银行竞争力的培育目标有关，因为上市银行实施社会责任战略的根本目标是培育银行竞争力。根据王松奇教授主编的《中国商业银行竞争力报告（2015）》，上市银行竞争力体现在公司治理、发展战略、风险管理、人力资源、信息科技、产品和服务、市场影响力、总资产、风险、盈利、资本、流动性等方面。在本书中，考虑到样本数量的限制，可以选择发展战略和盈利性作为上市银行社会责任实施关键影响因素。因为，对于上市银行而言，在发展战略的制定和实施中，都要考虑对社会责任的影响或社会责任的完成情况，同时，上市银行也只有获取更高的利润，才能担当更多的社会责任。

10.2.3 上市银行社会责任实施中政治关联的识别

关于社会责任研究中政治关联的识别问题，在银行业中涉及较少，但是，可以从其他行业社会责任研究中政治关联的识别来仿效。孔龙、李蕊（2015）在研究食品饮料行业上市公司政治关联对企业社会责任的影响时，采用了虚拟变量测度的方法，即如果公司董事长或总经理曾在或现在政府、法院、大人、政协任职，则取值为1，否则取值为0。彭中文、倪佳杰（2014）在研究高端装备制造业上市公司政治关联时，将董事、监事、公司高管曾经或现任国家机关、人大代表、党代会代表和政协委员作为政治关联的标志。高冰、杨艳（2015）在研究管理者政治关联对企业社会责任的影响时，将政治关联认定为董事长或总经理曾经或现任政府部门职务，或者担任党代表、人大代表或政协委员。王孟怡、洪卓尔（2012）在研究股权集中度视角下政治关联对企业社会责任的影响时，利用“权利距离法”对政治关联进行赋值，将上市公司界定为国务院国资委直属企业、国务院国资委下属企业、省级国资委管理的企业、市级国资委管理的企业、自然人企业和私营企业，并从高到低等距离赋值，最高值为1，最低值为0。衣凤鹏、徐二明（2014）在研究高管政治关联对企业社会责任的影响时，采用了定序变量测度法，即如果上市公司高管曾经或现任在中央级政府部门担任官员、人大代表、政协委员，则赋值为3，如果在省级政府部门担任类似的职务，则赋值为2，如果在市级及以下部门担任类似的职务，则赋值为1，如果高管曾经或现任没有担任任何职务，则赋值为0。张川、娄祝坤、詹丹碧（2014）在研究化工类行业上市公司政治关联对社会责任的影响时，将高管政治关联分为“代表委员类政治关联”和“政府官员类政治关联”两种类型，前者指公司高管现在担任各级人大代表或政协委员，后者指公司高管曾在中央或地方政府任职。朱蓉、徐二明（2015）在研究银行高管政治关联对社会责任的影响时，同样将政治关联设置为定序变量，即如果银行高管曾经或现任中央级政府部门、政协、人大职务，则赋值为3，如果在省级部门担任类似职务则赋值为2，如果在市级及以下单位担任类似的职务则赋值为1，如果未曾担任任何职务，则赋值为0。

借鉴以上的分析，在本书中，将上市银行董事长、监事会主席、行长或副行长、独立董事政治关联界定为在省级及以上政府机构、厅级及以上银行监管机构、省级及以上人大和政协曾经或现在担任职务，并采用虚拟变量来表示。

10.2.4 上市银行社会责任要素结构分析

企业社会责任（Corporate Social Responsibility）的内涵在目前并未形成统一的定论，比较流行的理论模型是三层同心圆模型和四层体系结构模型。同心圆模型认为CSR是三个同心圆，内圆代表基本责任，即有效地执行企业的经济职能，中圆是指配合社会价值的变化而执行自身经济职能的责任，而外圆是指积极改善社会环境、促进社会和谐发展的责任。体系结构模型认为企业社会责任分为经济责任、法律责任、伦理责任、慈善责任四个层次。

一方面，银行社会责任的要素结构解析可以借鉴其他行业社会责任内涵探讨的成果。张川、娄祝坤、詹丹碧（2014）在利益相关者治理理论的基础上，根据2008年5月上海证券交易所发布《关于加强上市公司社会责任承担工作的通知》的精神，采用每股社会贡献值来测度企业的社会责任，即在公司为股东创造的每股收益的基础上，增加税收、工资、偿付的借款利息、对外捐赠，再扣除环境污染成本及其他社会成本，最后形成为社会创造的每股增值额。

另一方面，银行社会责任的要素结构解析也可以借鉴国内外商业银行关于社会责任实施的研究成果。郭丽（2007）分析了国外商业银行的企业社会责任的表现形态，以汇丰银行为例，从股东雇用、在发展可支持内的贡献、个人服务、雇员情况、环境影响、供应链、社区等方面归纳了企业社会责任的执行情况，并提出我国商业银行的借鉴策略。刘刚（2013）基于2007年至2011年上市银行社会责任的报告分析了我国上市银行社会责任信息披露的现状，将社会责任分为股东责任、员工责任、客户责任、政府责任、监督机构责任、环境责任和社区责任等，认为我国上市银行社会责任信息披露起步较晚，但成长较快，内部不断丰富。

张晨、梁宏莉（2011）基于关键利益相关者的视角研究了上市银行的社会责任履行问题，从保障股东权益、服务客户、关爱员工三个方面分析了社会责任履行的现状，指出社会责任履行中存在的问题，主要有：风险信息披露不全、信用卡业务投诉率大幅度上升、员工流动性较大，并提出了上市银行社会责任履行的改进策略。蓝文永、刘键（2010）认为我国商业银行的社会责任主要包括对股东需求承担的社会责任、对员工需求承担的社会责任、对客户需求承担的社会责任、对同业需求承担的社会责任以及对社会公众需求承担的社会责任。

朱明秀（2011）在研究上市商业银行财务业绩、CEO薪酬和社会责任之间的相关性时，将社会责任的评价指标分为每股社会贡献、社会贡献与营业收入之比两个指标，其中，每股社会贡献等于银行年度社会贡献总额除以当期的普通股股数，社会贡献与营业收入之比等于年度社会贡献与当期营业收入的比率。Scholten（2009）认为商业银行的社会责任主要体现在以下四个方面：一是银行的商业伦理，即所有的商业银行都要遵守国际组织所制定的商业伦理规则；二是银行对环境保护的责任，即通过环境风险管理，对高污染或高能耗的行业或企业进行限制；三是银行对经济发展的责任，即通过对有责任的产品的推出来实现自身的持续发展和宏观经济的健康发展；四是银行的社会责任，即通过慈善捐款、员工培训、雇用女工等实现对社会发展的促进。

在《中国商业银行竞争力报告（2015）》中，将中国商业银行社会责任履行分为三个方面：服务经济实体、环境保护、社会公益。其中，服务经济实体是指顺应国内经济转入新常态运行的实际需要，实施合理均衡增长的信贷政策，促进经济增长方式的转变，积极支持战略性新兴产业的发展，加大对最具活力的中小微型企业的支持力度。环境保护是指商业银行相应国家宏观政策，推行绿色信贷，发展网上银行和电话银行服务，支持节能环保项目，开发环保新产品，持续开展绿色金融服务，推进银行自身的发展和社会的低耗、高效、可持续发展。社会公益是指银行需要热心公益事业，全面支持教育和文化的发展，努力回报社会。

在本书中，银行社会责任的要素采用《中国商业银行竞争力报告(2015)》中的分类方法，即分为经济实体服务、绿色金融推进、社会公益事业三个要素。

10.2.5 政府参与下上市银行社会责任实施效应模型的确立

根据以上分析，可以设计我国上市银行政府参与视角下社会责任实施效应模型组如下式所示。

$$econ = \beta_0 + \beta_1 bpoli + \beta_2 apoli + \beta_3 mpoli + \beta_4 dpoli + \beta_5 bgove + \beta_6 agove + \beta_7 mgove + \beta_8 dgove + u$$

$$gree = \beta_0 + \beta_1 bpoli + \beta_2 apoli + \beta_3 mpoli + \beta_4 dpoli + \beta_5 bgove + \beta_6 agove + \beta_7 mgove + \beta_8 dgove + u$$

$$comm = \beta_0 + \beta_1 bpoli + \beta_2 apoli + \beta_3 mpoli + \beta_4 dpoli + \beta_5 bgove + \beta_6 agove + \beta_7 mgove + \beta_8 dgove + u$$

表 10－1　模型变量及系数信息描述

变量名称	变量符号	变量性质	对应系数	系数预期符号
董事长政治关联	bpoli	解释变量、二分变量	β_1	(+/－)
监事会主席政治关联	apoli	解释变量、二分变量	β_2	(+/－)
总经理政治关联	mpoli	解释变量、二分变量	β_3	(+/－)
独立董事政治关联	dpoli	解释变量、二分变量	β_4	(+/－)
董事长行政任命	bgove	解释变量、二分变量	β_5	(+/－)

续表

变量名称	变量符号	变量性质	对应系数	系数预期符号
监事会主席行政任命	agove	解释变量、二分变量	β_6	（+/-）
总经理行政任命	mgove	解释变量、二分变量	β_7	（+/-）
独立董事行政任命	dgove	解释变量、二分变量	β_8	（+/-）
经济实体服务	econ	被解释变量		
绿色金融推进	gree	被解释变量		
社会公益事业	comm	被解释变量		

注：（+）表示正相关，（-）表示负相关，（+/-）表示不确定。

各变量的意义如下表所示。

表 10-2　变量定义表

变量名称	操作性定义及变量值
董事长政治关联	董事长曾经或目前在政府部门、金融监管部门、政协、人大等机构担任较为重要的职务，是则取值为 1，否则取值为 0
监事会主席政治关联	监事会主席曾经或目前在政府部门、金融监管部门、政协、人大等机构担任较为重要的职务，是则取值为 1，否则取值为 0
总经理政治关联	总经理（行长）曾经或目前在政府部门、金融监管部门、政协、人大等机构担任较为重要的职务，是则取值为 1，否则取值为 0
独立董事政治关联	半数或半数以上独立董事曾经或目前在政府部门、金融监管部门、政协、人大等机构担任较为重要的职务，是则取值为 1，否则取值为 0
董事长行政任命	如果董事长的任命倾向于行政指派，则取值为 1；如果董事长的任命倾向于内部推选，则取值为 0

续表

变量名称	操作性定义及变量值
监事会主席行政任命	如果监事会主席的任命倾向于行政指派，则取值为1；如果董事长的任命倾向于内部推选，则取值为0
行长行政任命	如果行长的任命倾向于行政指派，则取值为1；如果董事长的任命倾向于内部推选，则取值为0
独立董事行政任命	如果独立董事的任命倾向于行政指派，则取值为1；如果董事长的任命倾向于内部推选，则取值为0
经济实体服务	上市银行对实体经济发展的支持力度
绿色金融推进	上市银行对低碳、环保、节能项目和产品的推进程度
社会公益事业	上市银行对教育、慈善、文化事业发展的支持力度

10.3 模型检验

10.3.1 样本数据来源

本研究拟以我国16家上市银行的相关信息作为样本数据，数据源包括如下各个出处：①SCMAR数据库；②Wind数据库；③由史英哲、王胜春编著、清华大学出版社出版的《中国上市银行年报分析（2014）》；④由王松奇主编、社会科学文献出版社出版的《中国商业银行竞争力报告（2014）》；⑤由张旺著、社会科学文献出版社出版的《中国上市公司社会责任信息披露报告》；⑥根据本课题组访谈资料整理；⑦根据其他各种公开资料整理。

10.3.2 变量取值说明

上市银行高管层政治关联或行政任命虚拟变量的取值，主要是根据公开资料汇总后进行综合判断，再聘请三位银行业资深专家进行确认，具体取值说明如下：

（1）董事长政治关联虚拟变量取值根据上市公司年报和其他相关公

开资料来综合判断。

（2）监事会主席政治关联虚拟变量取值根据上市公司年报和其他相关公开资料来综合判断。

（3）总经理政治关联虚拟变量取值根据上市公司年报和其他相关公开资料来综合判断。

（4）独立董事政治关联虚拟变量取值根据上市公司年报和其他相关公开资料来综合判断。

（5）董事长行政任命虚拟变量的值根据董事长个人履历、业务素质、社会背景等公开信息来综合判断，再由权威专家来确定。

（6）监事会主席行政任命虚拟变量的值根据监事会主席个人履历、业务素质、社会背景等公开信息来综合判断，再由权威专家来确定。

（7）行长行政任命虚拟变量的值根据行长专业水平、任职履历、个人关系等公开信息来进行综合判断，再聘请权威专家来确认。

（8）独立董事行政任命虚拟变量的值根据独立董事的聘任过程、社会背景、职责行使、社会关系等公开信息来进行综合判断，再聘请权威专家来确认。

（9）经济实体服务、绿色金融推进、社会公益事业根据上市银行年报、上市公司自愿性信息披露报告及其他公开信息，由三名公司治理评估专家综合评估而成，分值采用李克特 7 点量表。三名评估专家分属于上海证券交易中心、深圳证券交易中心、南开大学公司治理评价组，具有较高的公司治理评估水准。

10.3.3　回归分析

基于样本数据，在样本特征分析的基础上，借用 Eviews 软件，分别对研究模型进行检验，得回归分析结果如下表所示。

表 10-3　回归检验结果

社会责任履行＊＊＊＊			
变量	经济实体服务 econ	绿色金融推进 gree	社会公益事业 comm
董事长政治关联 bpoli	0. 0372 (4. 2902＊＊)	0. 0289 (17. 235＊＊)	0. 0861 (3. 3898＊)
监事会主席政治关联 apoli	0. 0089 (1. 2032)	0. 0365 (3. 6521＊＊)	0. 0078 (0. 8790)
行长政治关联 mpoli	0. 0543 (15. 5671＊)	0. 0192 (1. 2890)	0. 0198 (1. 8790
独立董事政治关联 dpoli	0. 0387 (3. 4726＊＊)	0. 0276 (5. 5516＊)	0. 0378 (14. 1451＊＊＊)
董事长行政任命 bgove	-0. 0320 (5. 3777＊)	-0. 0288 (12. 8765＊＊)	0. 0121 (1. 8765)
监事会主席行政任命 agove	-0. 0108 (1. 6754)	-0. 0098 (0. 8760)	-0. 0103 (1. 2909)
行长行政任命 mgove	-0. 0276 (4. 4400＊＊)	-0. 0339 (7. 7865＊＊)	-0. 0021 (0. 9897)
独立董事行政任命 dgove	-0. 0332 (8. 1878＊＊＊)	-0. 0276 (7. 8912＊)	-0. 0274 (7. 8767＊)
R^2	0. 376	0. 301	0. 287
ΔR^2	0. 003	0. 003	0. 002
Adjusted R^2	0. 379	0. 304	0. 289
Adjusted F 值	44. 44	76. 09	83. 15
P 值（总体显著性水平）	＊	＊＊	＊

注：＊表示 P<0.05；＊＊表示 P<0.01；＊＊＊表示 P<0.001；N=16；＊＊＊＊表示在《中国上市银行竞争力报告（2015）》中，将银行社会责任履行情况分为三个方面：服务实体经济、环境保护、社会公益。

10.4　检验结果的分析

根据检验结果可知，在我国上市银行社会责任履行中，高管的政治关联普遍存在正向的推动作用，而高管行政任命普遍存在负向的阻碍作用。也就是说，政府参与下的上市银行高管治理对社会责任履行存在着双向的效应。

董事长政治关联、监事会主席政治关联、总经理政治关联、独立董事政治关联对上市银行的经济实体服务、绿色金融推进、社会公益事业等存在着不同程度推进，其中，董事长政治关联和独立董事政治关联的推动效应最为明显，而监事会主席政治关联和总经理政治关联的推动效应较弱。可见，我国上市银行董事会在银行社会责任履行中产生了很大的作用，也带动了独立董事对社会责任的关心，但行长对社会责任履行的反应相对迟钝。

董事长行政任命、监事会主席行政任命、行长行政任命和独立董事行政任命对经济实体服务、绿色金融推进和社会公益事业的履行存在着程度不等的负向阻碍作用，其中，董事长行政任命和独立董事行政任命的阻碍最为明显，而行长行政任命和监事会主席行政任命的阻碍效应次之。

政府参与下高管层在社会责任履行中所表现出的双向效应是我国特征的政治制度和经济体制下公司治理所呈现的特殊现象，在西方公司治理中不易出现。当高管层通过某种方式谋取到职务后，为了维护自身的政治地位和社会声誉，需要有针对性地行使自身的业务职能，但同时，在行政任命下，会出现一些能力低下、素质不高、责任心不强、业务不精的高管人员，他们对自身职责的行使并不能达到最优状态，从而阻碍了社会责任履行的深化。这种现象真实地反映了我国上市银行“政治型治理”的特征，市场治理的功能远不到位。

在公司治理理念从股东全上向利益相关者转化的今天，社会责任的行使已经越来越成为上市银行不可分割的治理要素。总体而言，我国上市银行社会责任的实施远不如西方银行，仅处于起步状态。为了进一步推进上市银行社会责任履行的深化，可以考虑以下路径：一是减少上市银行公治理的行政化干预，让治理机制自发地产生左右，强化高管层的社会责任意识，转化为行动，从战略上对社会责任进行科学合理地规划。二是启动和培育外部市场对高管层社会责任实施的激励作用。如果高管层在社会责任实施上有所欠缺，则会在职业经理人市场、产品市场、控制权市场、独立董事市场上失去声誉，进而失去竞争优势。三是实施高管层的长效激励机制，杜绝高管层的短期行为。在短期目标下，高管层很少会考虑银行的社会责任，不在意目前的社会责任为未来发展带来的益处。

总之，我国上市银行治理并不是真正意义上的西方银行治理，与英美模式、德日模式、东南亚家族模式、东欧转型模式均存在着很大的差异。如果对这一点没有清醒的认识，则不可能实现我国上市银行的治理目标。目前，我国上市银行治理的各个方面仍受到行政指令的支配和调度，行政化治理的特色非常明显，如何在这种环境下实现西方公司治理的职能，将衍生于私有制下的公司治理结合于我国的公有制社会制度，对我国银行业是一个不小的挑战。

10.5 本章小结

本章研究了上市银行政府参与因素对社会责任履行的促进效应，将政治关联分解为董事会政治关联、总经理政治关联、监事会政治关联、独立董事政治关联四个要素，同时将社会责任履行分解为经济实体服务、绿色金融推进、社会公益事业三个要素，构建了相应的研究模型，并以上市银行年度报告及其他公开或调查数据为基础，对研究模型进行了检验，揭示政府参与对社会责任履行的微观促进机理，从而从政府参与的视角提出了上市银行社会责任的改进策略。

第十一章　政府参与下我国上市银行公司治理的改进

11.1　政治关联视角下的治理改进

政治关联在我国上市银行公司治理中存在着重要的作用，且大都是积极正向的作用，有助于董事会、监事会、经理层、独立董事治理的完善，也有助于上市银行的信息披露和社会责任行使。目前在我国，高管层的政治关系是一个实实在在的问题，许多高管人员长时期编织政治关系，以谋求职务的升迁和稳定。

在短期内，上市银行如果有效地利用高管层的政治关联，实现公司治理的改进，也是一个明智之举，倒也无可厚非。但是，从长期看，对于我国上市银行以至我国整个行业而言，政治关联在公司治理中的正向作用并非一件值得庆幸的事，因为它加大了“行政型”治理的力度，减弱了“市场型”治理的效果，削减了公司治理的本色，使公司治理演变为行政管理，最终束缚和抑制公司治理的职能。

可见，尽管政治关联在现实的公司治理中存在着作用，但若从上市银行的长远利益着想，就应该逐渐淡化政治关联的影响。目前，政治关联的内容包括个人关系、家庭背景、社会网络、政治效忠等，这些因素本来并不出现在公司治理机制之中。尽管西方上市银行也存在着政治关联，但仅限于银行和政府的关系，高管层的私人关系较为微弱。在我国上市银行中，政治关联主要依赖于高管层的私人关系，这就会为银行的长远发展留下隐患。

11.2 行政任命视角下的治理改进

行政任命对我国上市银行公司治理的进展存在着阻碍作用，抑制了董事会、监事会、经理层、独立董事职能的发挥，也不利于上市银行信息披露的改进和社会责任的行使。

在西方公司治理领域，不可能出现高管层的行政任命，这与公司治理的本源性要求是相对立的。但是，在我国上市银行中，董事长、监事会主席、行长清一色由行政指派产生，甚至独立董事也是行政任命的结果，这就使公司治理职能大打折扣。近年来，尽管在高管选聘时也考虑了银行推举的因素，但较为微弱。在高管任命中，主要依据是个人的社会关系、政治效忠、社会网络、家庭背景等，至于企业家才能、业务素质、敬业精神，都排在次要位置。这样，只能造就一群平庸的高管成员。

在西方银行业，高管层的产生大都是股东选举的结果。在我国银行业，真正的股东是全体人民，而全体人民是一个虚拟的化身，在高管层的推选中不起任何作用。在这种情况下，退而求其次，应该由银行系统来选举或推举董事长、行长和监事会主席，以及其他高管成员。因为银行系统对高管层的履历、能力、业绩的把握较为清楚，对候选人具有较为准确的分辨能力。

在现有的政治和体制下，我国上市银行高管层的“去行政化”行为是一个漫长而艰难的过程，不仅需要经济体制改革的推进，更需要政治体制改革的推进。

事实上，我国上市银行的“去行政化”过程面临着一个很大的尴尬。由于产权虚置，一旦完全去除行政化，则董事会、监事会、行长、独立董事都会成为“内部人”，在国有资产的公共地上进行串通和合谋，形成更为可怕的内部人控制，使国有金融资产遭到严重损失。如若继续保持现有的“行政化”的局面，则权力制衡机制的功能就会受到压抑，董事会、监事会、经理层、独立董事的治理功能得不到有效发挥，使公司治理流于形式。究竟何去何从，令人深思。

11.3　政府参与下董事会治理的改进

我国上市银行董事会治理的功能虽然产生了一些作用，但远没有达到预期的效果，如董事会人数、董事会任职时间等治理要素，在董事会治理中均没有产生明显的作用。同时，在一些银行中，董事长和行长存在着两职兼任的情况，也阻碍了董事会职能的发挥。

目前，董事长与董事会成员的行政任命是抑制董事会功能发挥的一个突出性障碍。在上市银行中，董事长并不是由真正的股东选举，也不是银行内部推举，而是直接由政府任命，任命的依据一般是个人的社会关系和政治背景，其次才考虑个人的才能、品德、敬业精神等。这样，必然带来董事会聘任过程中的寻租、合谋和串通，无法选拔到真正胜任的人员。同时，上市银行对董事会的考核也处于混乱状态，没有统一的标准，也不作为续聘的依据。

我国上市银行在形式上实施的是英美的单层董事会制，但由于监事会仅是摆设，导致董事会的功能无法充分发挥。十多年来，我国上市银行董事会建设之路其实是一条模仿之路，仅模仿西方商业银行公司治理的外形，而无法得到其真谛。即使在董事会专门委员会的设置上，也不得要领。我国上市银行董事会的下属委员会的功能极其微弱，很少主动采取积极的措施，只是被动地应付差事。董事会人员所考虑的不是如何实施对行长的监督，而是考虑如何编织社会关系，以维护和巩固自身的职务。以便使银行的收益获得提高。

11.4　政府参与下监事会治理的改进

我国上市银行监事会的功能较微弱，对公司治理的效用不大，尤其对信息披露和上市银行社会责任的促进几乎没有成效。现有监督功能的发挥，不是公司治理职能的行使，而主要依靠监事的政府背景和政治关系。从严格意义上讲，这并不是公司治理的结果，而是行政管理的结果。

由于监事的行政化任命，阻碍了监事职能的行使。一些监事来自于管理机构或其他行业，对银行的业务不太熟悉，监督职能无从发挥。

在金融系统中，官本位的思想依然很重，许多银行高管仍将自己视为行政官员。在这种情况下，几乎所有银行的监事会主席的行政级别低于董事长和总经理，因此，在行使监督权时往往力不从心。目前，上市银行监事会的性质在本质上仍旧是行政机构，不是企业职能部门，也不存在对监事的业绩考核。

可见，在现有的政治制度和经济体制下，我国上市银行监事会治理应实施以下完善机制：一是尽量去除监事会治理的行政化干扰，在监事任命中尽量由银行系统推举，不要由政府机构直接任命。在西方公司治理领域，监事会成员由股东选举。但是，由于上市银行是国有或公有产权，人格化的股东根本不存在，因而最好以银行内部推举为上，胜过盲目的行政任命。二是加强对监事会主席及成员的考核，根据业绩来决定是否聘任。三是清晰界定监事会及监事会主席的职责，减少与董事会、行长职责的交汇。

11.5 政府参与下行长治理的改进

在我国上市银行行长治理中，内部人控制一直是存在的，一方面较为隐秘，另一方面也与现行的制度和体系无明显的冲突，但是，最终结果是导致银行效率的低下。尽管我国一些银行在世界排名上居于前列，但主要是指资金规模，不是运营效率。在人均利润上，我国上市银行在世界银行中排名很低。我国银行业的利润，主要来自于行业垄断，而不是来自于运营。

在我国上市银行中，行长的人选既不是股东推举的结果，也不是董事会聘任的结果，大都是行政指派的结果。在行政指派过程中，很少参考银行内部的意见，因此，有些行长完全来自于银行外部，甚至来自于银行体系之外，无法完全胜任银行业务的领导职务。

行长治理改进的根本策略是建立职业经理人制度，来取代现有的行政任命制度，因此需要大力培育职业经理人市场，以选拔高素质的行长。职业经理人重要性早已被我国银行业所共识，三番五次倡导实施职业经理人制度，但是，由于受到各种因素的阻碍，职业经理人制度迟迟未能建立。人民银行副行长吴晓灵认为，现有的银行管理人员大多不符合职业经理人的要求，未能尽到应有的职责，阻碍了银行竞争力的成长。

在行长激励上，我国上市银行目前主要依靠薪酬激励为主，股权激励基本没有实施，这与西方商业银行存在着很大的差别。如果仅依赖于薪酬激励，必然导致行长的短期行为，注重眼前利益，损害长远发展潜力。如果多任行长的短期行为累加在一起，必然对银行的长远发展带来灾难性的后果。事实上，我国上市银行的发展情况大致如此，只是现有的制度环境容忍或包容了这种现状的存在。

11.6　政府参与下独立董事治理的改进

我国上市银行独立董事制度发挥了一些作用，但远未达到预期的目标，如独立董事人数、专业背景、声誉机制等要素，尚未对独立董事治理产生有效的改革。

我国上市银行独立董事制度最大的弊端是独立董事的行政任命，既不是由董事会聘任，也不是由银行推举，往往是行政指派的结果。独立董事不能对董事长形成约束作用，以维护中小股东的利益，甚至对董事长唯命是从，在有些场合与董事长串通与合谋，损害银行的利益。目前，上市银行也不存在对独立董事的考核机制，独立董事的去留和聘任主要依赖于个人的政治背景、社会关系与在政府机构的影响。

独立董事市场的培育是我国上市银行独立董事制度完善的根本性策略。如果存在一个完善的独立董事市场，就会产生有效的独立董事竞聘机制，这样，就可以选拔出勇于担当、业务素质强、敬业精神高的独立董事，同时使在位的独立董事时刻感到替代的威胁，进而加强对自己职能的行使。

我国独立董事制度已经实施了 13 年，但独立董事市场一直没有启动，这不符合独立董事制度设立的初衷。在行政任命下，独立董事的责任心和业务能力都不会达到一流的境界，只能人浮于事。同样，独立董事市场的建立不仅需要经济体制改革的推进，更需要政治体制改革的推进。

11.7 政府参与下信息披露的改进

美国的SEC监管思想一直强调最大化的信息披露制度，同时，1997年9月发布的巴塞尔委员会的《有效银行监管核心原则》和1998年8月发布的《增强银行透明度》，都十分强调商业银行信息披露的作用。中国人民银行随后发布了《商业银行信息披露暂行办法》，对我国商业银行信息披露的实施提出了明确而规范性的要求。可见，我国上市银行应该有责任并不断加强信息披露。

对于我国商业银行而言，由于委托—代理的链条比较长，委托—代理关系较为复杂，信息透明度严重不足，信息披露制度受到严重削弱。因此，为了维护投资者的利益，使经理层受到更为广泛的社会监督，我国上市银行信息披露的加强势在必行。不过，上市银行信息披露的内容不仅包括财务信息，更应该包括所有权结构、经营状况、管理层激励方式、运营风险、财务会计状况，以及公司治理状况，并披露银行各个职能部门的职能、目标、原则、重大措施的实施和执行结果等非财务信息，以及时、完整、真实地改善上市银行公司治理。

上市银行信息披露可以通过新闻媒体、新闻发布会、年报、半年报、季报等形式向社会公众披露，也可以通过格式变更向银行监管当局和境外投资机构进行信息披露。

11.8 政府参与下外部治理的启动和实施

外部治理的启动是我国上市银行公司治理的必由之路，尽管这一路途较为遥远和漫长。但是，如果不启动外部治理的功能，上市银行内部治理就无法摆脱目前这种低迷消沉的状态。外部治理的启动，是对内部治理功能缺失的弥补。在西方上市银行中，外部治理的功能一直在起作用，对内部治理给予了很大的辅助，共同促进权力制衡机制的优化。目前，在我国上市银行中，外部治理基本上没有发生作用，对权力制衡无所触动，对内部治理也没有给予补充，因而是我国上市银行公司治理的一大弊端。

外部治理一般包括行政监督、社会辅助和市场约束三个方面，其中，市场约束具有长效治理的作用，主要体现在职业经理人市场、产品市场、资金市场、所有权市场四个方面。在行政监督上，上市银行的外部治理存在着一些作用，主要是例行常规性的行政监督，相当于政府治理。在社会辅助上，一些社会机构，如会计师事务所，对银行治理的优化也存在着支持，但在总体上较为微弱。在市场约束上，我国上市银行外部治理基本上处于零状态。职业经理人市场根本不存在，控制权市场也不起任何作用，产品市场和资本市场仅存在微弱的作用。

外部市场治理的实施是我国上市银行启动外部治理的中心任务，主要任务就是实施职业经理人市场、产品市场、资金市场、所有权市场的培育。在这些市场培育中，存在着先后主次之分。在现有的条件下，可以先进行职业经理人市场的培育，然后进行产品市场和资本市场的培育，最后在进行控制权市场的培育。如果存在成熟、健全、有效的外部市场，必然对银行行长人员存在着替代压力，减少行长机会主义行为，强化行长的自我约束，提高行长战略决策的有效性和准确性。

11.9 政府参与下内部人控制的重新审视

由于我国政治制度与经济体制与西方差距较大，因而不能一味追随西方银行的治理模式，应开辟一条适合自身发展的治理之路。其中，对内部人控制问题应重新审视，以确立有效的内部人控制控制方案。

在西方商业银行中，由于产权明晰，“内部人”一般指经理层或行长，内部人控制就是指经理层的机会主义行为，其结果损害了银行的利益，也损害了以董事长为代表的股东的利益。但是，在我国上市银行中，由于产权模糊，“内部人”不仅指经理层，也包括董事长、监事会主席、独立董事，以及其他董事会人员和监事会人员，因为在他们之中，没有谁可以真正代表国有金融资产的所有者，也没有谁会真正为金融资产的存亡而考虑。在这种情况下，不仅行长会产生机会主义，董事长、监事会主席、独立董事等都会产生机会主义，在国有金融资产这块公共地上分一杯羹。

在西方商业银行中，行长和董事长、监事会主席之间一般不会产生合谋，即使合谋发生，也是为了侵害中小股东的利益，不是为了损害银行的利益，更不会损害大股东的利益。但是，在我国上市银行中，由于产权虚置，董事长、监事会主席、行长等高管层，为了获取个人的利益，极易产生串通与合谋的现象，共同损害国有金融资产，削弱上市银行的竞争力。

目前，我国上市银行高管层的行政任命制加重了内部人控制，对高管层的寻租、合谋、串通存在推波助澜的作用，非常不利于权力制衡的优化。在行政任命下，董事长不会真正对行长行使监管的职责，监事会主席也不会对董事长和行长尽心监管，当发生职务冲突时，各方均会以维护个人利益为重，相互退让、维持共存，最终损害的是国有金融资产的活力。

11.10　本章小结

本章基于检验结果，结合对我国上市银行公司治理的调查，分析了政治关联下和行政任命下公司治理的改进方向，以及政府参与下的董事会治理、监事会治理、经理层治理、独立董事治理、信息披露、外部治理的改进方向，同时阐释了在我国特有的国情下内部人控制的新的内涵。

第十二章　研究总结与展望

12.1　主要结论

从公司治理理论最新发展的视角，通过对我国上市银行公司治理有效性的检验，结合实际的调查经验，可以归纳出以下结论：

（1）行政干预是我国上市银行公司治理效率低下的主要因素之一，银行高管层的行政任命严重阻碍了上市银行公司治理优化的进程。目前，在我国上市银行公司治理中，董事会、监事会、经理层以及独立董事的任命存在着很大的行政指派性，优先考虑的不是业务素质、责任意识、敬业精神和专业能力，而是个人的社会关系、政治效忠和政治背景。在这种状况下，无法选拔出真正具有企业家素质的人才，只能造就一群平庸的银行高管人员。同时，在高管层的行政任命过程中，以及在公司治理过程中，充斥了大量的寻租、合谋、串通等机会主义行为，严重制约了上市银行的资产活力。

（2）外部治理市场的培育是完善我国上市银行公司治理的必然趋势，但需要经济体制改革和政治体制改革的双重推动。在西方上市银行公司治理中，外部市场的功能不可低估，对促进经理层战略决策和制约机会主义行为具有很大的作用。但是，在我国上市银行中，外部市场治理的功能尚处于萌芽状态，对经理层行为的激励与约束无所触动。如果不能发挥外部市场治理的功能，上市银行内部市场治理就会徘徊不前，我国上市银行外部市场治理滞后的主要原因之一在于高管层的行政任命制，阻碍了外部市场的发展，因此，外部市场治理的发展需要经济体制改革和政治体制改革的双重推进。我国上市银行外部市场治理一般包括职业经理人市场治理、产品市场治理、资本市场治理、控制权市场治理四个方面，即大力启动和开发职业经理人市场、产品市场、资本市场、控制权市场对高管层的激励和约束功能。

（3）我国上市银行公司治理的推进需要充分发挥外部市场治理和内部公司治理的耦合效应，即相互促进、相互支持、相互补充的效应。由于产权虚置和产权错位，我国上市银行内部公司治理存在着较大的功能缺失，表现为内部人控制泛滥、机会主义盛行、代理成本过高、权力制衡机制低效等方面。在这种局面下，外部市场治理可以为内部公司治理输入活力、激活内部公司治理的功能，强化对内部人的激励与约束。同时，外部市场治理的推进也需要内部公司治理的配合，尤其是切实实施董事会、经理层、监事会、独立董事的市场竞聘制度，逐渐削弱行政任命的力度。

（4）我国上市银行公司治理并不具备“超产权论”所要求的条件，从而无法检验“超产权论”在我国上市银行公司治理中的有效性问题。“超产权论”认为，经营者利润驱动的前提之一是存在市场竞争。对于我国上市银行经理人而言，既不存在职业经理人市场的竞争，也不存在控制权市场的竞争，经理人的聘任主要依靠个人关系、政治效忠、“红色背景”，与个人业务能力关系不大。同时，“超产全论”认为，如果没有市场竞争，只有“坐地收租”式的产权利润激励，则无法实现对经营者努力程度的激励。对于我国上市银行高管层而言，由于行政任命占主导地位，绩效考核显得苍白无力，高管个人收益与银行绩效相关度较低，主要源于各种直接或间接的行政渠道，因而是一种变相的“坐地收租”。

（5）提出了我国上市银行公司治理在董事会、监事会、经理层、独立董事、信息披露、利益相关者治理等方面的具体改进策略，以进一步提供公司治理的有效性。在董事会治理方面，要注重提高董事会人员的规模效应，同时提高董事会会议的质量。在监事会治理方面，应提供监事会人员的规模效应。在经理层治理方面，应大力推行行长的股权激励。在独立董事治理方面，应尽快提高独立董事成员的规模效应。

12.2　研究特色

相比现有的关于我国上市银行公司治理的研究，本书在过去研究的基础上，又具备以下一些研究特色：

（1）将银行竞争力要素作为银行公司治理的目标函数，取代传统意义上的利润或业务收入，具有更高的现实研究价值。现代商业银行的竞争，在本质上是核心竞争力的竞争。核心竞争力不仅可以反映出银行过去的竞争成效，也可以反映出银行未来的竞争潜力。业务收入、利润等财务指标对银行治理绩效的反应存在一定的局限性，仅反映了过去的经营结果，没有考虑到银行未来的发展潜力。因此，在世界银行业中，除财务统计需求外，对银行治理成效或经营成效的测度大多采用核心竞争力，而不是财务数据。近年来，《中国商业银行竞争力报告》为我国上市银行竞争力测度数据的获取提供了资料支持。

（2）考虑了政府参与因素在上市银行公司治理中的影响。李维安教授指出，国有企业的公司治理呈现出“双重公司治理”的特征，是市场型治理和政治型治理的复合，带有明显的政府干预或政治关联的特征。同样，在上市银行公司治理中，政治性治理是不可避免的。董事会、监事会、经理层、独立董事成员的任命，都是行政指派的结果。在行政任命过程中，寻租、设租、合谋、串通等行为比比皆是，因此，在未来的很长一段时间，上市银行公司治理不可能摆脱政治因素的束缚。在这种情形下，董事长、监事会主席、总经理的政府关联或政府背景，对银行治理的结果必然存在着或多或少的影响，是我国现有政治制度和经济体制下研究银行公司治理所必须考虑的治理因素。这一点，与西方商业银行的公司治理存在着很大的区别。

（3）扩大了我国上市银行“内部人”的范围，将内部人控制的影响扩展到董事会、监事会和独立董事。在西方银行业，“内部人控制”主要指经理层对股东的侵害行为。但是，在我国上市银行中，由于产权虚置和产权错位，董事会人员、监事会人员、独立董事都有可能成为损害真正股东、全体人民、利益的“内部人”，表现在机会主义盛行、责任心不足、相互勾结和串通，致使银行资产的利益受到损害。在我国上市银行公司治理研究中，如果忽视政治或政府因素的影响、忽视产权因素的影响、忽视“内部人”特征的变化，就意味地模仿西方上市银行公司治理的研究模式，是没有价值和意义的。

12.3 研究不足

由于个人精力和时间有限，同时由于研究资料的约束，本书存在以下不足：

（1）没有将国有商业银行和股份制商业银行进行分离研究。在本书中，我国上市银行的 16 个样本既包括原有的 4 家国有商业银行，也包括原有的 12 家股份制银行。在股份制改革之后，尽管国有商业银行也存在着股份制商业银行的特征，但仍旧以国有股为主，股权结构与 12 家股份制银行仍存在着差异。因此，更为可行的是，可以将衍生于原四大国有商业银行的 4 家上市银行与 12 家衍生于原股份制银行的上市银行分开研究。但是，限于样本的数量，本书暂时无法实现这一目标。

（2）没有研究股权结构对上市银行公司治理绩效的影响。股权结构是公司治理的一个重要影响因素，成为公司治理研究的一个常规角度，在上市银行研究中也是如此。但是，尽管我国上市银行近年来实施了股权多元化工程，引进了一定量的境外投资者，但国有、公有股权占主体地位的格局基本上没有改变，境外投资者持股比例极低。现有的研究已经讨论了股权结构对上市银行公司治理效应的影响，又由于股权结构变化不大，因此，在本书中不再重复。

12.4 进一步研究的展望

公司治理在不断发展，我国上市银行公司治理也在不断变革。在现在研究的基础上，未来的研究可以在以下方向不断拓展：

（1）我国上市银行外部市场治理的研究。外部市场治理主要包括职业经理人市场、产品市场、资本市场和控制权市场的治理，目前在我国上市银行治理中基本没有发挥作用。但是，在西方商业银行中，外部市场治理的功能是强大的，不仅有效地激励内部公司治理的完善，也直接促进了董事会、监事会、经理层的权力制衡。在我国现有的政治制度和经济体制下，外部市场治理实施的成本的确很大，但是，如果不实施外部市场治理，仅凭内部公司治理，是无法完成银行公司治理的目标和任务的。由此可见，外部市场治理是我国商业银行公司治理深化的必由之路，尽管这条道路遥远而漫长。

（2）深入揭示我国商业银行的寻租、合谋、串通的衍生路径，提出上市银行公司治理的改进之策。由于产权缺失、产权虚置、产权错位，我国上市银行公司治理中存在着大量寻租行为，这是机会主义的必然结果，表现为各种各样的内部人控制。寻租行为继而引发高管层的合谋与传统，甚至引发渎职、贪污和犯罪，严重损害上市银行的竞争力，抑制国有金融资产的活力。可见，从寻租、合谋、串通防范的视角来探讨我国上市银行公司治理的完善之策，是在我国特有国情下的可行之路。从制度经济学的视角来看，我国上市银行的风险在很大程度上起源于高管层的寻租、合谋、串通行为。

（3）我国上市银行内部人控制的深入探讨。在西方商业银行中，由于产权清晰，内部人仅指经理层，内部人控制是指发生在经理层身上的、对委托人带来利益损害的行为。但是，在我国上市银行中，由于产权虚置和产权错位，内部人不仅包括银行经理人员，也包括内部董事、独立董事、监事会成员，以及部分有背景的职工，因为他们都不能称之为真正意义上的所有者，都希望在国有资产的沃土上分一杯羹。为了达到这个目的，他们可以置自身职责于不顾，相互合谋和串通，共同捞取个人的利益，同时也极大地损害了国有金融资产的价值。可见，在我国上市银行中，内部人控制比西方商业银行复杂得多，危害性也大得多。

参考文献

[1] 曹廷求，王营，马莉等．外部环境、治理机制与银行风险——第二届银行治理研讨会综述［J］．经济研究，2011（10）：150－155.

[2] 易志强．外部治理机制对银行业绩影响的实证研究［J］．浙江工商大学学报，2013（5）：71－78.

[3] 林川，曹国华．盈余管理、社会责任、外部治理与银行创新能力［J］．金融论坛，2014（12）：3－25.

[4] 丁庭选．董事会独立性与银行债务融资契约研究——基于2007—2009年上市公司数据实证分析［J］．经济与管理研究，2011（5）：56－62.

[5] 陈德球，肖泽忠，董志勇．家族控制权结构与银行信贷合约：寻租还是效率？［J］．管理世界，2013（9）：130－143.

[6] 严也舟．外部治理环境、内部治理结构与合谋侵占实证分析［J］．管理评论，2012（4）：28－44.

[7] 杨瑞龙．论国有经济中的多级委托—代理关系［J］．管理世界，1997（1）．

[8] 冯根福．双重委托—代理理论：上市公司治理的另一种分析框架［J］．经济研究，2004（12）：16－25.

[9] 李维安，邱艾超，古志辉．双重公司治理环境、政治联系偏好与公司绩效［J］．中国工业经济，2010（6）：85－95.

[10] 张维迎．公有经济制经济中的委托人代理人问题理论分析和政策含义［J］．经济研究，2002（2）：19－33.

[11] 林毅夫．李约瑟之谜、韦伯疑问和中国的奇迹——自宋以来的长期经济发展［J］．北京大学学报（哲学社会科学版），2007（4）：5－22.

[12] 鲁桐，党印．公司治理与技术创新：分行业比较［J］．经济研

究，2014（6）：115－128.

［13］费方域．控制内部人控制［J］．经济研究，1996（6）：31－39.

［14］青木昌彦，钱引一．转轨经济中的国有企业产权问题研究［M］．中国经济出版社，1995.

［15］徐细雄，刘星．放权改革，薪酬管制与企业高管腐败［J］．管理世界，2013（3）：119－132.

［16］卢馨，方睿孜，郑阳飞．外部治理环境能够抑制企业高管腐败吗？［J］．经济与管理研究，2015（3）：30－39.

［17］张维迎．共有经济中的委托人—代理人关系：理论分析和政策含义［J］．经济研究，1995（4）：32－45.

［18］肖作平，苏忠秦．民企董事会的政治关联与公司价值［J］．董事会，2009（2）：82－83.

［19］殷枫．董事会政治关联和投资效率关系研究［J］．榆林学院学报，2012（3）：54－73.

［20］胡旭阳．政治关联与民营上市公司董事会的家族介入［J］．财经论丛，2013（3）：62－68.

［21］钱先航，曹廷求．董事会中的官员与银行审慎行为——基于城市商业银行的实证研究［J］．当代经济科学，2014（6）：40－60.

［22］徐高彦．独立董事独立性、关联交易与公司价值——基于沪深两市上市公司的经验证据［J］．审计与经济研究，2011（4）：77－84.

［23］张俊瑞，王鹏，贾宗武等．独立董事背景对企业价值影响的研究——来自中小企业板上市公司的经验证据［J］．统计与信息论坛，2010（6）：63－70.

［24］罗党论，徐璇，封煜．独立董事报酬形成机制研究——以中国上市公司为例［J］．管理科学，2007（2）：46－53.

［25］唐跃军，徐飞．独立董事保护了中小股东权益了吗？——基于中国上市公司投票机制的研究［J］．经济管理，2007（7）：42－47.

［26］解成锋，吴啇．政治关联、货币政策和市场力对商业银行风险承担行为的影响［J］．商业时代，2013（19）：52－62.

[27] 熊婷，程博，王箐．企业政治关联与外部审计需求——基于机构持股和经理自主权两重角度的研究［J］．中国注册会计师，2015（7）：49－57.

[28] 刘颖斐，陈亮．独董与其他高管的公司治理作用有差异化吗？——基于政治关联与审计契约视角的检验［J］．审计与经济研究，2015（1）：36－45.

[29] 陈银博，宋清华．政治关联对银行高管薪酬抑制作用的实证分析——来自我国上市银行的经验证据［J］．广西社会科学，2012（1）：77－80.

[30] 王俊秋，倪春晖．政治关联、会计信息与银行贷款成本——基于中国民营上市公司的经验证据［J］．经济与管理研究，2012（8）：30－38.

[31] 陈本凤，周洋西，宋增基．CEO 权力、政治关联与银行业绩风险［J］．软科学，2013（11）：22－26.

[32] 钱先航．官员任期、政治关联与城市商业银行的贷款投放［J］．经济科学，2012（2）：89－101.

[33] 罗双发，欧晓明，赖艳．政治关联与企业社会责任信息披露质量［J］．华南师范大学学报（社会科学版），2015（3）：110－116.

[34] 王成方，林慧，于富生．政治关联、政府干预与社会责任信息披露［J］．山西财经大学学报，2013（2）：72－82.

[35] 林润辉，谢宗晓，李娅．政治关联、政府补助与环境信息披露［J］．公共管理学报，2015，12（2）：30－41.

[36] 吴明礼，戴荣波．政治关联、信息披露质量与债务融资成本［J］．南京审计学院学报，2015（3）：81－87.

[37] 姚圣．政治关联、环境信息披露与环境业绩——基于中国上市公司的经验证据［J］．财贸研究，2011（4）：78－85.

[38] 张志平，方红星．政府控制、政治关联与企业信息披露［J］．经济管理，2013（2）：105－114.

[39] 武剑锋，叶陈刚，刘猛．环境绩效、政治关联与环境信息披露［J］．山西财经大学学报，2015（7）：99－110.

[40] 李强，冯波．环境规制、政治关联与环境信息披露质量——基于重污染上市公司经验证据［J］．经济与管理，2015（4）：58－66.

[41] 王孟怡，洪桌尔．股权集中度、政治关联度与企业社会责任信息披露［J］．商业经济研究，2012（27）：68－69.

[42] 司茹．产权性质、政治关联与信息披露质量［J］．经济与管理研究，2013（10）：122－128.

[43] 周红，武建．信息披露对商业银行的市场约束影响研究［J］．中国注册会计师，2013（1）：71－74.

[44] 于卫兵，韩倩．上市银行会计报表附注信息披露研究［J］．财会通讯，2015（9）：7－9.

[45] 王丽娜，朱卫东．商业银行风险信息披露评价［J］．合肥工业大学学报（自然科学版），2011（7）：1084－1087.

[46] 马威，靳荆．论我国商业银行信息披露体系的完善［J］．经济纵横，2012（9）：103－105.

[47] 宋京津．经济后果观下的内部控制信息披露问题——基于三大上市银行 2001－2008 年报的思考［J］．审计与经济研究，2011（2）：56－62.

[48] 杨肃昌，万湘媛．中国银行业环境信息披露水平及其影响因素——基于 16 家上市银行的实证检验［J］．金融论坛，2012（3）：33－41.

[49] 巴曙松，王超，张旭．中国上市银行信息信息披露评估指数体系研究［J］．当代财经，2006（4）：46－51.

[50] 中国工商银行专项课题组．利益相关者理论与银行公司治理［J］．中国金融，2013（23）：64－66.

[51] 朱明秀．财务业绩、CEO 薪酬与商业银行社会责任——基于我国上市商业银行的实证分析［J］．财经理论与实践，2011，32（170）：57－61.

[52] 沈伯平，孙建娥．国有商业银行履行社会责任的机理分析［J］．北京工商大学学报（社会科学版），2012（6）：77－82.

[53] 吴京辉．国有商业银行的社会责任——以中小企业融资问题为

中心［J］. 华中科技大学学报，2010，25（6）：102－107.

［54］郭丽. 国外商业银行的企业社会责任及其对我国的借鉴［J］. 江西财经大学学报，2007（4）：28－31.

［55］刘志云. 国内银行践行社会责任的内部督促机制分析［J］. 厦门大学学报（哲学社会科学版），2011（5）：74－81.

［56］张晨，梁宏莉. 关键利益相关者视角下的上市银行社会责任履行问题研究［J］. 财会通讯，2011（6）：129－131.

［57］张长弓，曾思薇. 构建商业银行社会责任体系的思考［J］. 南方金融，2007（11）：9－11.

［58］蓝文永，刘键. 对我国商业银行履行社会责任评价的探讨［J］. 山西财经大学学报，2010（2）：110－111.

［59］孔龙，李蕊. 政治关联、企业财务绩效与企业社会责任的相互关系研究——以我国食品饮料行业为例［J］. 北京交通大学学报（社会科学版），2015（3）：53－61.

［60］彭中文，倪佳杰. 政治关联、内部治理与企业社会责任——基于高端装备制造业上市公司的面板数据［J］. 湘潭大学学报（哲学社会科学版），2014（4）：51－54.

［61］张川，娄祝坤，詹丹碧. 政治关联、财务绩效与企业社会责任——来自中国化工行业上市公司的证据［J］. 管理评论，2014，26（1）：130－139.

［62］朱蓉，徐二明. 银行高管政治关联、社会责任与企业绩效［J］. 上海金融，2015（6）：97－102.

［63］高冰，杨艳. 管理者政治关联、社会责任与企业绩效［J］. 大连理工大学学报（社会科学版），2015（2）：80－85.

［64］王孟怡，洪卓尔. 股权集中度、政治关联度与企业社会责任信息披露［J］. 商业时代，2012（27）：68－69.

［65］衣凤鹏，徐二明. 高管政治关联与企业社会责任——基于中国上市公司的实证分析［J］. 经济与管理研究，2014（5）：5－13.

［66］李思飞，刘欢. 政治关联与民营企业银行贷款——基于不同所有权结构商业银行的实证检验［J］. 中央财经大学学报，2014（2）：51－57.

[67] 王学强．完善我国国有商业银行监事会制度的思考［J］．国际金融研究，2008（3）：69－74.

[68] 武青．提升股份制商业银行监事会的监督水平［J］．中国金融，2007（22）：51－53.

[69] 孙峰．商业银行监事会运行评价指标体系初探［J］．金融市场，2015（1）：97－99.

[70] 杜征征，程六满．商业银行监事会的财务监督功能［J］．财会研究，2007（3）：60－62.

[71] 邹亚明，陆畅．论完善我国国有控股商业银行监事会制度［J］．济南金融，2014（6）：13－15.

[72] 林铁钢．加强监管是为了促进银行更好地创新与发展［J］．中国金融，2008（6）：10－12.

[73] 吴勇文．国有商业银行监事会制度的理论基础与国际经验［J］．新金融，2011（3）：60－63.

[74] 张平，梁淑茵，王利伟．高管变更、政治关联与被并购企业绩效——基于美的集团三次并购的研究［J］．管理案例研究与评论，2014（5）：392－401.

[75] 邵丽丽．高管人员政治关联与企业利率风险管理［J］．上海金融学院学报，2015（4）：84－93.

[76] 胡永平，张宗益．高管的政治关联与公司绩效：基于国有电力生产上市公司的经验研究［J］．中国软科学，2009（6）：128－137.

[77] 贾明，张喆．高管的政治关联影响公司慈善行为吗？［J］．管理世界，2010（4）：99－113.

[78] 郑路航．独立董事的政治关联与公司绩效［J］．当代经济关联，2010（11）：20－25.

[79] 刘颖斐，陈亮．独董与其他高管的公司治理作用有差异吗？——基于政治关联与设计契约视角的检验［J］．审计与经济研究，2015（1）：36－45.

[80] 黄新建，张会．地区环境、政治关联与审计师选择——来自中

国民营上市公司的经验证据［J］. 审计与经济研究, 2011 (3): 44－52.

［81］李维安，王鹏程，徐业坤. 慈善捐赠、政治关联与债务融资——民营企业与政府的资源交换行为［J］. 南开管理评论，2015，18 (1): 4－14.

［82］石晓乐，许年行. 公司财务与政治关联研究进展［J］. 经济学动态，2009 (11): 104－109.

［83］司茹. 产权性质、政治关联与信息披露质量［J］. 经济与管理研究，2013 (10): 122－128.

［84］范子英，李欣. 部长的政治关联效应与财政转移支付分配［J］. 经济研究，2014 (6): 129－141.

［85］郑石明. 公司治理中政府角色要解决的三个核心问题［J］. 求索，2012 (8): 87－88.

［86］万丽梅，丁时勇. 公司治理视野的政府控制、企业资源及社会资本测度［J］. 改革，2012 (9): 120－126.

［87］付东. 公司治理策略对政府权责调控规制的借鉴——基于委托—代理理论的分析［J］. 领导科学，2013 (9): 49－50.

［88］吴金群，耿依娜. 公司治理变迁中的政府介入研究［J］. 中南财经政法大学学报，2007 (5): 118－124.

［89］易平良. 公司利益相关者：政府的角色及其对公司治理的影响［J］. 财会月刊，2013 (11): 13－15.

［90］郑石明. 地方政府在公司治理中的角色及其影响［J］. 广东社会科学，2008 (5): 37－41.

［91］谭劲松，郑国坚，彭松. 地方政府公共治理与国有控股上市公司控制权转移——1996—2004 年深圳市属上市公司重组案例研究［J］. 管理世界，2009 (10): 135－151.

［92］陈冬华. 地方政府、公司治理与补贴收入——来自我国证券市场的经验证据［J］. 财经研究，2003 (9): 15－21.

［93］赵峰，高明华，马光明. 法与经济学视角下民营企业的政治关

联与权益资本成本［J］．经济经纬，2011（2）：113－117.

［94］魏江，寿柯炎，冯军政．高管政治关联、市场发育程度与企业并购战略——中国高技术产业上市公司的实证研究［J］．科学学研究，2013（6）：856－863.

［95］胡永平，张宗益．高管的政治关联与公司绩效：基于国有电力生产上市公司的经验研究［J］．中国软科学，2009（6）：128－137.

［96］梁洪波，刘远亮．商业银行公司治理与信用风险：基于上市银行的实证研究［J］．金融与经济，2012（10）：75－78.

［97］孙君阳，徐娜．中国上市银行内部治理机制分析——基于中外比较的视角［J］．金融论坛，2011（8）：38－44.

［98］张娜，关忠良，郭志光．董事会特征与银行绩效关系的实证研究——来自我国14家上市银行的证据［J］．经济经纬，2011（1）：59－62.

［99］翟光宇，武力超，唐大鹏．中国上市银行董事会秘书持股降低信息披露质量了吗？——基于2007－2012年季度数据的实证分析［J］．经济评论，2014（2）：127－138.

［100］朱博文，程子奇．银行董事会、银行贷款与货币政策传导［J］．金融论坛，2013（8）：47－54.

［101］宋增基，杨天赋，王戈阳．银行董事会特征、CEO报酬与银行绩效——基于对11家股份制银行的数据分析［J］．金融论坛，2010（6）：36－42.

［102］陈燕玲，姜川．我国商业银行董事会对高管薪酬的影响——基于上市银行的数据［J］．安徽大学学报（哲学社会科学版），2011（6）：146－151.

［103］潘敏，李义鹏．商业银行董事会特征与首席执行官报酬——基于美国银行业的实证研究［J］．经济评论，2008（1）：106－111.

［104］陈潘武，洪军．上市银行董事会治理与经营绩效的实证研究［J］．金融理论与实践，2009（4）：96－100.

［105］宋增基，陈全，张宗益．上市银行董事会治理与银行绩效

[J]．金融论坛，2007（5）：35－40.

[106] 丁忠明，胡志强．中国商业银行董事会治理实证研究［J］．商业经济与管理，2007（8）：44－50.

[107] 王戈阳，宋增基，刘春才．中国上市银行董事会独立性与经营绩效［J］．重庆大学学报（社会科学版），2012（6）：29－35.

[108] 石凯，刘力臻．商业银行运营效率与董事会治理［J］．金融论坛，2011（7）：10－15.

[109] 周建，张文隆，刘琴等．商业银行董事会治理与创新关系研究——基于沪深两市上市公司的经验证据［J］．山西财经大学学报，2012（3）：45－52.

[110] 潘敏，李义鹏．商业银行董事会治理：特征与绩效——基于美国银行业的实证研究［J］．金融研究，2008（7）：133－144.

[111] 朱博文，潘旭．商业银行董事会结构的内生决定因素——基于中国51家商业银行数据的实证研究［J］．金融论坛，2011（11）：3－9.

[112] 李志国，张春雨．董事会治理能改善银行的财务质量吗——依据商业银行的实证数据［J］．审计与经济研究，2009（6）：79－83.

[113] 陈守东．董事会治理对银行稳健性的影响［J］．经济与管理研究，2013（3）：82－87.

[114] 周建，张文隆，刘琴等．商业银行董事会治理与创新关系研究——基于沪深两市上市公司的经验证据［J］．山西财经大学学报，2012（3）：45－52.

[115] 张娜，光忠良，郭志光．董事会特征与银行绩效关系的实证研究——来自我国14家上市银行的证据［J］．经济经纬，2011（1）：59－62.

[116] 宋增基，袁茂，徐叶琴．中国上市银行独立董事制度的运行效率［J］．金融论坛，2007（11）：49－54.

[117] 孙君阳，殷世波．中国上市银行独立董事制度创新研究［J］．金融论坛，2008（9）：3－7.

[118] 刘宁静，邱文武．我国商业银行独立董事制度的完善［J］．上海金融，2003（5）：23－24.

[119] 黄颖．完善股份制银行独立董事制度［J］．发展研究，2005（4）：55－56.

[120] 倪受彬，张明坤．论国有上市银行独立董事制度的完善［J］．上海金融，2008（8）：29－33.

[121] 王立彦．公司制银行设置审计委员会的法理冲突——兼论外部监事与独立董事之间的制衡［J］．审计研究，2005（3）：3－9.

[122] 王飞，徐炜．基于监事会视角的我国上市银行公司治理效率剖析［J］．上海金融，2012（12）：31－33.

[123] 王飞，徐炜．基于股东大会视角的我国上市银行公司治理效率研究［J］．上海金融，2013（10）：52－53.

[124] 吴成颂，黄送钦，唐伟正等．高管团队背景特征与银行创新能力关系研究［J］．金融论坛，2014（4）：43－51.

[125] 陈珠明，刘家鹏，李鹏程．基于内部人控制角度的我国上市银行高管高薪问题［J］．上海金融，2011（2）：37－41.

[126] 朱明秀，熊珺．上市银行高管人力资本存量与薪酬水平相关性研究［J］．南京审计学院 学报，2012（3）：38－45.

[127] 张卫国，梁小翠，陆静．上市银行 CEO 薪酬与董事薪酬的影响因素［J］．金融论坛，2011（7）：49－57.

[128] 宋增基，夏铭，陈开．中国上市银行薪酬激励与银行绩效［J］．金融论坛，2011（6）：18－24.

[129] 阿依努尔·吾普尔．高管控制权、隐性保险与商业银行风险承担——来自中国上市银行的经验数据［J］．新疆大学学报（哲学人文社会科学版），2013（2）：26－31.

[130] 谭燕芝，许明．高管薪酬、股权结构、董事会特征与商业银行经营效率——基于对 16 家上市股份制商业银行面板数据的实证分析［J］．经济经纬，2012（5）：112－116.

[131] 吕江林，黄光．基于风险收益视角下的我国商业银行公司治

理研究［J］．金融论坛，2012（12）：13－21.

［132］张焕南．改进上市银行信息披露机制［J］．中国金融，2011（10）：48－49.

［133］王志伟．上市银行信息披露新政解读［J］．财务与会计，2008（11）：20－21.

［134］倪慧萍．上市银行内控信息披露状况研究［J］．南京审计学院学报，2006（2）：17－19.

［135］李伟．我国上市商业银行信息披露的法律监管［J］．中国金融，2009（9）：62.

［136］黄秋敏．上市银行内部控制信息披露状况分析——以2001－2006年度报告为研究对象［J］．审计研究，2008（1）：82－89.

［137］唐红娟．论我国上市银行内部控制的信息披露［J］．浙江金融，2009（10）：42－43.

［138］兆文军，李元．商业银行自愿性信息披露水平的测度［J］．大连理工大学学报（社会科学版），2012（3）：24－27.

［139］任辉．关于完善中国商业银行信息披露制度的思考［J］．云南财经大学学报，2007（8）：58－60.

［140］陈本凤，周洋西，宋增基．CEO权力、政治关联与银行业绩风险［J］．软科学，2013（11）：22－26.

［141］王思洋，吴昊．论商业银行的公司治理困境与政府作用——基于公司治理理论和商业银行特殊性的分析［J］．长白学刊，2010（6）：98－103.

［142］新资本协议研究和规划项目组．不断提高商业银行信息披露规范化水平［J］．中国金融，2010（17）：34－36.

［143］刘刚．我国上市银行社会责任信息披露现状调查——基于2007－2011年社会责任报告的分析［J］．青海金融，2013（7）：14－17.

［144］上海农商银行课题组．商业银行公司治理、社会责任与金融消费者权益保护［J］．上海金融，2013（11）：95－99.

［143］中国工商银行专项课题组．利益相关者理论与银行公司治理

[J]．中国金融，2013 (23)：64 –66.

[145] 赵昌文，杨记军，夏秋．中国转型期商业银行的公司治理与绩效研究 [J]．管理世界，2009 (7)：46 –55.

[146] 刘星，张建斌．中国上市银行公司治理与创新能力的实证研究 [J]．重庆大学学报（社会科学版），2010，16 (6)：44 –48.

[147] 潘敏，张依茹．股权结构会影响商业银行信贷行为的周期性特征吗？——来自中国银行业的经验证据 [J]．金融研究，2013 (4)：29 –42.

[148] 何蛟，傅强，潘璐．股权结构对中国商业银行效率的影响 [J]．金融论坛，2010 (7)：33 –38.

[149] 谭燕芝，许明．高管薪酬、股权结构、董事会特征与商业银行经营效率——基于对 16 家上市股份制商业银行面板数据的实证分析 [J]．经济经纬，2012 (5)：112 –116.

[150] 薛华溢，吴青．银行控股公司的绩效与公司治理结构——来自中国经验的实证研究 [J]．中央财经大学学报，2012 (10)：37 –42.

[151] 张福海．完善公司治理结构对提升商业银行竞争力的影响——中国建设银行股改视角 [J]．金融理论与实践，2011 (12)：31 –35.

[152] 敬文举，刘凯旋．商业银行公司治理：进展及改革着力点 [J]．财经理论与实践，2011 (11)：35 –38.

[153] 程华．商业银行中间业务创新：国际经验及启示 [J]．南方金融，2006 (8)：5 –8.

[154] 朱盈盈，李平，曾勇等．境外战略投资者与中资银行创新能力——基于中国 73 家商业银行面板数据的实证分析 [J]．投资研究，2011 (7)：55 –66.

[155] 邱洪华．基于层次分析模型的中国内外资银行创新能力综合评价 [J]．研究与发展管理，2012 (5)：64 –72.

[156] 金烨．对商业银行创新和拓展中间业务有关问题的思考 [J]．金融纵横，2003 (11)：42 –45.

[157] 薛文才．从企业生命周期理论看国有商业银行创新力与控制

力的平衡［J］. 金融研究，2004（7）：73－79.

［158］樊洁心. 新的银行监管框架与银行创新发展［J］. 中山大学学报论丛，2004，24（6）：212－218.

［159］丁俊峰. 中国上市银行股权结构与绩效研究——基于创新指标的实证［J］. 当代财经，2009（8）：62－68.

［160］朱明星. 我国上市商业银行创新能力与风险监控相关性实证研究［J］. 金融发展研究，2013（4）：62－65.

［161］Van Horne J. C. Of financial Innovations and Excesses［J］. Journal of Finance，1985，40（3）：620－631.

［162］Tufano P. Chapter 6 Financial Innovation in the Handbook of the Economics of Finance［M］. Elsevier Press，2003.

［163］Frame W. S. and L. J. White. Empirical Studies of Financial Innovation：Lots of Talk，little Action?［J］. Journal of Economic Literature，2004，42（1）：116－144.

［164］Marcia Millon Cornetta，Jamie John McNuttb，Hassan Tehranian. Corporate Governance and Earnings Management at Large U. S. Bank Holding Companies［J］. Journal of Corporate Finance，2009，15（4）：412－430.

［165］Eralp Bektas，Tuhan Kaymak. Governance Mechanism and Ownership in an Emerging Market：the case of Turkish banks［J］. Emerging Markets Finance and Trade，2009，4596）：20－32.

［166］Jensen M. The modern Industrial Revolution，Exit and the Failure of Internal Control System［J］. Journal of Finance，1993，48（5）：831－880.

［167］Kose Johna，Lemma W Senbet. Corporate Governance and Board Effectiveness［J］. Journal of Banking and Finance，1998，22（4）：371－403.

［168］lynn Pi，S. G. Timme. Corporate and Bank Efficiency［J］. Journal of Banking and Finance，1993（17）：515－530.

［169］Nikos，Vafess. Board Meeting Frequency and Firm Performance［J］. Journal of Financial Economics，1999（52）：113－142.

［170］Shams Pathan，Michael Skully，J. Wickramanayake. Board size，

Independence and Performance: An Analysis of Thai Banks [J]. Asia – Pacific Financial Markets, 2007, 14 (3): 211 – 227.

[171] Pable De Abdress, Eleuterio Vallelado. Corporate Governance in Banking: the Role of the Board of Direction [J]. Journal of Banking and Finance, 2008, 32 (12): 2570 – 2580.

[172] Facciom. Politically Connected Firms [J]. American Economic Review, 2006, 96 (7): 369 – 386.

[173] Leuz C, Oberholzer – Gee F. Political Relationships, Global Financing, and Corporate Transparency: Evidence from Indonesia [J]. Journal of Financial Economics, 2006, 81 (2): 411 – 439.

[174] Fisman R. Estimating the Value of Political Connections [J]. The American Economic Review, 2001, 91 (4): 1095 – 1102.

[175] Scholtens B. Corporate Social Responsibility in the International Banking Industry [J]. Journal of Business Ethics, 2009, 86 (2): 159 – 175.

[176] Laura P. Hartman. Perspectives in Business Ethics [M]. 2nd edition, McGraw – Hill Higher Education, a Division of McGraw – Hill Companies, 2002.

[177] Freeman R E. Strategic Management: A Stakeholder Approach [M]. Boston: Pitman, 1984.

[178] Carroll A B. A three – dimensional Conceptual model of Corporate performance [J]. Academy of Management Review, 1979.

[179] Bushman. What Determine Corporate Transparency [J]. Journal of Accounting Research, 2004, 42 (9): 207 – 252.

[180] Dye R. An evaluation of "Essays on Disclosure" and the Disclosure literature in Accounting [J]. Journal of Accounting and Economics, 2001, 32 (9): 181 – 235.

[181] Eng L, Y Mak. Corporate Governance and Voluntary Disclosure [J]. Journal of Accounting and Public Policy, 2003, 22 (9): 325 – 345.

[182] Faccio M. Politically Connected Firms [J]. The American Eco-

nomic Review, 2006 (3): 369 – 386.

[183] Cornett M, Mc Nutt J and Tehranian H. Corporate Governance and Earnings Management at Large U. S. Bank Holding Companies [J]. Journal of Corporate Finance, 2009 (9): 412 – 430.

[184] Williamson O E. Markets and Hierarchies: Some Elementary Consideration [J]. The American Economic Review, 1973, 63 (2): 316 – 325.

[185] Wathne K H, Heide J B. Opportunism in Inter – firm Relationships: Forms, Outcomes and Solutions [J]. Journal of Marketing, 2000, 64 (4): 36 – 51.

[186] Williamson O E. The Economic Institutions of Capitalism [M]. Free Press: New York, 1985.

[187] Leff N H. Economic Development Through Bureaucratic Corruption [J]. The American Behavioral Scientise, 1964, 8 (3): 8 – 14.

[188] Luo Y. An Organizational Perspective of Corruption [J]. Management and Organization Review, 2004, 1 (1): 119 – 154.

[189] North D. Institutions, Institutional Change and Economic Performance [M]. Cambridge: Cambridge University Press, 1990.

[190] Faccio M. Differences between Politically Connected and non – connecter Firms: a Cross – country Analysis [J]. Financial Management, 2010, 39 (3): 905 – 928.

[191] Tirole. Hierarchies and Bureaucracies: on the Role of Collusion in Organizations [J]. Journal of Law, Economics and Organizations, 1986, 2 (2): 181 – 214.

[192] Villadsen. Communication and Delegation in Collusive Agencies [J]. Journal of Accounting and Economics, 1995, 19 (3): 315 – 344.

[193] Cornett M, Mc Nutt J and Tehranian H. Corporate Governance and Earnings Management at Large U. S. Bank Holding Companies [J]. Journal of Corporate Finance, 2009 (9): 412 – 430.

[194] Williamson O E. The new Institutional Economics: Taking Stock, Looking Ahead [J]. Journal of Economic Litreature, 2000, 38 (9): 595 -613.

[195] Hart O D. The Market Mechanism as an Incentive Schem [J]. Bell Journal of Economics, 1983, 14 (9): 366 -382.

[196] Denis D K. Twenty - fives years of Corporate Governance Research and Counting [J]. Review of Financial Economics, 2001, 10 (3): 191 -212.

[197] Giroud X, Mueller H M. Corporate Governance, Product Market Competition and Equity Prices [J]. The Journal of Finance, 2011, 66 (2): 563 -600.

[198] Kim EH, Lu Y. CEO Ownership, External Governance and Risk - taking [J]. Journal of Financial Economics, 2011, 102 (2): 272 -292.

[199] Coase R. The Nature of the Firm [J]. Economic, 1937 (4): 386 -405.

[200] Williamson O. The Economic Institutions of Capitalism [M]. New York: Free Press, 1985.

[201] Jensen M, W Meckling. Theory of the Firm: Managerial Behavior, Agency Costs and Capital Structure [J]. Journal of Financial Economics, 1976 (3): 305 -360.

[202] Myers S C. Determinants of Corporate Borrowing [J]. Journal of Financial Economics, 1977 (5): 147 -175.

[203] Martin, Stepher, David Parker. The Impact of Privatization Ownership and Corporate un the UK Rontledge., 1997.

[204] Tittenbrun, Jack. Private Versus Public Enterprises [M]. Janus Publishing Company, London, 1996.

[205] Krueger A. The political Economy of the Rent - seeking Society [J]. The American Economic Review, 1974, 64 (3).

[206] Klein B, Crawford R G, Alchian A. Vertical Integration, Appropriable Rents and the Competitive Contracting Process [J]. The Journal of Law and Economics, 1978, 21 (2): 297 -326.

附　录

附录 1：2014 年全国性商业银行核心竞争力评价排名

表 1　全国性商业银行核心竞争力评价排名

商业银行	公司治理	发展战略	风险管理	人力资源	信息科技	产品服务	市场影响	综合	排名
中国工商银行	0.838	0.887	0.875	0.868	0.918	0.856	0.914	0.879	1
中国建设银行	0.848	0.867	0.858	0.871	0.887	0.879	0.901	0.873	2
招商银行	0.865	0.878	0.852	0.865	0.865	0.880	0.873	0.868	3
中国银行	0.845	0.868	0.848	0.868	0.871	0.857	0.892	0.864	4
中国民生银行	0.898	0.902	0.828	0.861	0.816	0.859	0.845	0.858	5
交通银行	0.855	0.878	0.853	0.863	0.843	0.847	0.856	0.856	6
中国农业银行	0.803	0.862	0.853	0.838	0.879	0.853	0.883	0.853	7
中信银行	0.842	0.857	0.835	0.853	0.831	0.848	0.831	0.842	8
兴业银行	0.843	0.869	0.813	0.825	0.838	0.837	0.845	0.839	9
浦东发展银行	0.815	0.829	0.824	0.843	0.806	0.832	0.806	0.822	10
中国光大银行	0.834	0.827	0.803	0.815	0.837	0.825	0.787	0.818	11
平安银行	0.845	0.857	0.823	0.803	0.828	0.815	0.745	0.817	12
华夏银行	0.825	0.809	0.804	0.782	0.824	0.798	0.723	0.795	13
广发银行	0.761	0.843	0.801	0.781	0.804	0.771	0.712	0.782	14
浙商银行	0.679	0.791	0.724	0.725	0.701	0.742	0.625	0.712	15
渤海银行	0.655	0.701	0.767	0.667	0.696	0.665	0.627	0.683	16
恒丰银行	0.587	0.732	0.683	0.635	0.693	0.698	0.674	0.672	17

注：本表数据源于王松奇教授主编的《中国商业银行竞争力报告（2014）》；表中部分银行是非上市银行。

附录2：2014年全国性商业银行财务评价排名

表2 全国性商业银行财务评价排名

商业银行	总资产（亿元）	风险	资本	盈利	流动性	综合财务评价	名次
中国工商银行	180517.1	0.892	0.920	0.864	0.729	0.872	1
中国建设银行	153632.1	0.889	0.864	0.851	0.737	0.852	2
中国民生银行	32262.1	0.900	0.831	0.863	0.522	0.830	3
兴业银行	36276.4	0.911	0.835	0.838	0.544	0.826	4
招商银行	40164.0	0.901	0.766	0.852	0.593	0.817	5
中国农业银行	144943.5	0.876	0.873	0.743	0.804	0.815	6
恒丰银行	7721.76	0.898	0.832	0.825	0.430	0.805	7
浦东发展银行	36801.25	0.911	0.833	0.781	0.524	0.801	8
中国银行	122996.2	0.873	0.892	0.721	0.639	0.794	9
渤海银行	5682.1	1.000	0.842	0.692	0.526	0.790	10
中信银行	36411.9	0.856	0.849	0.742	0.633	0.786	11
浙商银行	4881.2	0.944	0.861	0.655	0.609	0.774	12
中国光大银行	24150.9	0.892	0.830	0.722	0.538	0.773	13
华夏银行	16724.5	0.895	0.793	0.705	0.651	0.769	14
交通银行	59609.4	0.857	0.812	0.672	0.517	0.738	15
平安银行	18917.4	0.861	0.799	0.576	0.618	0.707	16
广发银行	14698.5	0.846	0.718	0.624	0.507	0.691	17

注：本表数据源于王松奇教授主编的《中国商业银行竞争力报告（2014）》；表中部分银行是非上市银行。

附录3：2014 年全国性商业银行董事会与监事会结构

表3　全国性商业银行董事会与监事会结构

单位：人

商业银行	董事会人数	独立董事人数	独董比例	监事会人数	外部监事人数	职工监事人数
中国工商银行	15	6	40.00	6	2	2
中国建设银行	17	7	41.18	9	2	4
中国农业银行	15	5	33.33	7	1	4
中国银行	13	5	38.46	8	2	3
交通银行	18	6	33.33	13	2	4
招商银行	17	6	35.29	9	3	3
中信银行	14	5	35.71	6	2	2
民生银行	18	6	33.33	8	2	3
浦东发展银行	18	7	38.89	8	3	2
兴业银行	15	5	33.33	9	3	3
光大银行	15	5	33.33	11	2	4
华夏银行	18	7	38.89	11	2	3
平安银行	19	7	36.84	7	2	3
广发银行	15	6	40.00	8	3	3
浙商银行	16	4	25.00	11	3	4
渤海银行	14	5	35.71	5	2	2
恒丰银行	12	1	8.33	5	—	—

注：本表数据源于王松奇教授主编的《中国商业银行竞争力报告（2014）》中的“全国性商业银行董事会与监事会结构”；表中部分银行是非上市银行。

附录4：2014年全国性商业银行董事会出席会议情况

表4 董事会亲自出席会议率

单位：次

商业银行	董事会次数	现场会议次数	董事亲自出席率	独董亲自出席率
中国工商银行	11	—	85.09	88.64
中国建设银行	7	—	72.70	71.43
招商银行	10	—	85.50	89.38
中国银行	19	8	94.74	100.00
交通银行	8	7	92.24	83.33
招商银行	17	5	72.90	80.79
中信银行	13	5	86.01	—
民生银行	7	—	78.57	100.00
浦发银行	12	5	81.82	81.25
兴业银行	8	5	76.83	83.75
中国光大银行	16	7	83.85	—
华夏银行	4	2	80.56	83.33
平安银行	7	—	77.53	80.36
广发银行	10	—	100.00	100.00
浙商银行	12	—	—	—
渤海银行	—	—	—	—
恒丰银行	4	4	—	100.00

注：本表数据源于王松奇教授主编的《中国商业银行竞争力报告（2014）》中的“董事会亲自出席会议率”；表中部分银行是非上市银行。

附录5：2014 年全国性商业银行高级管理层年龄结构

表5　高级管理层年龄结构　　　　%

商业银行	管理层人数	平均年龄	<50 岁		50～55 岁		>55 岁	
			人数	占比	人数	占比	人数	占比
工商银行	10	51. 2	5	50. 0	3	30. 0	2	20. 0
农业银行	7	52. 6	1	14. 3	4	57. 1	2	28. 6
中国银行	9	54. 9	1	11. 1	4	44. 4	4	44. 4
建设银行	12	54. 1	1	8. 3	7	58. 3	4	33. 3
交通银行	10	52. 4	3	30. 0	3	30. 0	4	40. 0
中信银行	8	52. 0	2	25. 0	3	37. 5	3	37. 5
光大银行	10	53. 0	1	10. 0	7	70. 0	2	20. 0
华夏银行	7	51. 4	2	28. 5	3	42. 9	2	28. 6
平安银行	10	53. 7	1	10. 0	5	50. 0	4	40. 0
招商银行	10	54. 6	2	20. 0	4	40. 0	4	40. 0
浦发银行	8	53. 1	2	25. 0	5	62. 5	1	12. 5
兴业银行	7	50. 9	4	57. 1	1	14. 3	2	28. 6
民生银行	9	49. 8	5	55. 6	2	22. 2	2	22. 2
北京银行	9	51. 2	2	22. 2	6	66. 7	1	11. 1
南京银行	9	50. 3	3	33. 3	5	55. 6	1	11. 1
宁波银行	7	46. 6	5	71. 4	2	28. 6	0	0. 0
徽商银行	11	50. 5	4	36. 8	5	45. 5	2	18. 2
重庆银行	8	49. 9	5	62. 5	2	25. 0	1	12. 5
重庆农商	8	48. 6	3	37. 5	2	25. 0	3	37. 5

注：高级管理层一般包括行长、副行长、首席财务官、首席风险官、首席审计官（总稽核）、首席信息官、董事会秘书等；本表数据源于史英着、王胜春编著的《中国上市银行年报分析（2014）》中的“公司治理对比分析”；本表包含部分非上市银行数据信息。

附录6：2014 年全国性商业银行高级管理层来源构成

表6 高级管理层来源构成 %

商业银行	本行		其他银行		监管部门		政府		其他	
	人数	占比	人数	占比	人数	占比	人数	占比	人数	占比
工商银行	7	70.0	2	20.0	0	0.0	1	10.0	0	0.0
农业银行	3	42.9	2	28.6	2	28.6	0	0.0	0	0.0
中国银行	6	66.7	3	33.3	0	0.0	0	0.0	0	0.0
建设银行	8	66.7	2	16.7	1	8.3	1	8.3	0	0.0
交通银行	6	60.0	2	20.0	0	0.0	1	10.0	1	10.0
中信银行	5	62.5	2	25.0	0	0.0	0	0.0	1	12.5
光大银行	7	70.0	3	30.0	0	0.0	0	0.0	0	0.0
华夏银行	2	28.6	1	14.3	1	14.3	1	14.3	2	28.6
平安银行	2	20.0	7	70.0	0	0.0	0	0.0	1	10.0
招商银行	6	60.0	3	30.0	1	10.0	0	0.0	0	0.0
浦发银行	5	62.5	2	25.0	0	0.0	0	0.0	1	12.5
兴业银行	7	100.0	0	0.0	0	0.0	0	0.0	0	0.0
民生银行	8	88.9	0	0.0	1	11.1	0	0.0	0	0.0
北京银行	7	77.8	2	22.2	0	0.0	0	0.0	0	0.0
南京银行	3	33.3	3	33.3	2	22.2	0	0.0	1	11.1
宁波银行	6	85.7	1	14.3	0	0.0	0	0.0	0	0.0
徽商银行	6	54.5	3	27.3	0	0.0	1	9.1	1	9.1
重庆银行	4	50.0	2	25.0	0	0.0	1	12.5	1	12.5
重庆农商	3	37.5	3	37.5	1	12.5	1	12.5	0	0.0

注：高级管理层一般包括行长、副行长、首席财务官、首席风险官、首席审计官（总稽核）、首席信息官、董事会秘书等；本表数据源于史英着、王胜春编著的《中国上市银行年报分析（2015）》“公司治理对比分析”；本表包含部分非上市银行数据信息。

附录7：2014年全国性商业银行高级管理层任职经历

表7 高级管理层任职经历 %

商业银行	基层行长		总行负责人		人事/办公		监管部门		政府		其他	
	数量	占比	数量	占比	数量	占比	数量	占比	数量	占比	数量	占比
工商	5	50.0	7	70.0	2	20.0	0	0.0	1	10.0	3	30.0
农业	4	57.1	2	28.6	3	42.9	2	28.6	0	0.0	0	0.0
中国	4	44.4	7	77.8	1	11.1	0	0.0	0	0.0	0	0.0
建设	7	58.3	6	50.0	2	16.7	2	16.7	1	8.3	1	8.3
交通	6	60.0	7	70.0	0	0.0	0	0.0	1	10.0	0	0.0
中信	4	50.0	5	62.5	1	12.5	2	25.0	1	12.5	1	12.5
光大	7	70.0	9	90.0	0	0.0	0	0.0	1	10.0	0	0.0
华夏	3	42.9	3	42.9	1	14.3	2	28.6	1	14.3	3	42.9
平安	4	40.0	7	70.0	2	20.0	5	50.0	0	0.0	2	20.0
招商	6	60.0	5	50.0	1	10.0	1	10.0	1	10.0	2	20.0
浦发	4	50.0	4	50.0	0	0.0	2	25.0	0	0.0	2	25.0
兴业	7	100.0	3	42.9	1	14.3	1	14.3	0	0.0	1	14.3
民生	1	11.1	6	66.7	2	22.2	3	33.3	1	11.1	0	0.0
北京	3	33.3	6	66.7	2	22.2	0	0.0	1	11.1	2	22.2
南京	2	22.2	6	66.7	2	22.2	2	22.2	0	0.0	2	22.2
宁波	1	14.3	5	71.4	2	28.6	0	0.0	1	14.3	1	14.3
徽商	6	54.4	5	45.5	3	27.3	2	18.2	1	9.1	1	9.1
重庆	3	37.5	3	37.5	2	25.0	1	12.5	1	12.5	2	25.0
重农	3	37.5	2	25.0	1	12.5	2	25.0	1	12.5	0	0.0

注：高级管理层一般包括行长、副行长、首席财务官、首席风险官、首席审计官（总稽核）、首席信息官、董事会秘书等；本表数据源于史英着、王胜春编著的《中国上市银行年报分析2014》中的“公司治理对比分析”；本表包含部分非上市银行数据信息。

附录8：2014年全国性商业银行高级管理层学历背景

表8 高级管理层学历背景 %

商业银行	博士		硕士		学士		学士以下	
	人数	占比	人数	占比	人数	占比	人数	占比
工商银行	5	50.0	3	30.0	2	20.0	0	0.0
农业银行	2	28.6	3	42.9	2	28.6	0	0.0
中国银行	1	11.1	6	66.7	1	11.1	1	11.1
建设银行	5	41.7	6	50.0	1	8.3	0	0.0
交通银行	2	20.0	7	70.0	1	10.0	0	0.0
中信银行	1	12.5	7	87.5	0	0.0	0	0.0
光大银行	3	30.0	5	50.0	2	20.0	0	0.0
华夏银行	4	57.1	2	28.6	1	14.3	0	0.0
平安银行	4	40.0	5	50.0	1	10.0	0	0.0
招商银行	3	30.0	5	50.0	2	20.0	0	0.0
浦发银行	2	25.0	5	62.5	1	12.5	0	0.0
兴业银行	1	14.3	2	28.6	3	42.9	1	14.3
民生银行	3	33.3	6	66.7	0	0.0	0	0.0
北京银行	2	22.2	7	77.8	0	0.0	0	0.0
南京银行	1	11.1	2	22.2	4	44.4	2	22.2
宁波银行	0	0.0	4	57.1	3	42.9	0	0.0
徽商银行	1	9.1	7	63.6	3	27.3	0	0.0
重庆银行	1	12.5	2	25.0	5	62.5	0	0.0
重庆农商	0	0.0	2	25.0	3	37.5	3	37.5

注：高级管理层一般包括行长、副行长、首席财务官、首席风险官、首席审计官（总稽核）、首席信息官、董事会秘书等；本表数据源于史英着、王胜春编著的《中国上市银行年报分析2014》中的“公司治理对比分析”；本表包含部分非上市银行数据信息。

附录9：2014年全国性商业银行高级管理层任职时间

表9 高级管理层任职时间 %

商业银行	1年以内		1~3年		3年以上	
	人数	占比	人数	占比	人数	占比
工商银行	4	40.0	1	10.0	5	50.0
农业银行	2	28.6	2	28.6	3	42.9
中国银行	1	11.1	2	22.2	6	66.7
建设银行	5	41.7	3	25.0	4	33.3
交通银行	3	30.0	2	20.0	5	50.0
中信银行	2	25.0	2	25.0	4	50.0
光大银行	2	20.0	1	10.0	7	70.0
华夏银行	0	0.0	0	0.0	7	100.0
平安银行	2	20.0	5	50.0	3	30.0
招商银行	3	30.0	2	20.0	5	50.0
浦发银行	0	0.0	1	12.5	7	87.5
兴业银行	0	0.0	3	42.9	4	57.1
民生银行	0	0.0	5	55.6	4	44.4
北京银行	3	33.3	0	0.0	6	66.7
南京银行	3	33.3	3	33.3	3	33.4
宁波银行	0	0.0	5	71.4	2	28.6
徽商银行	0	0.0	6	54.5	5	45.5
重庆银行	2	25.0	3	37.5	3	37.5
重庆农商	2	25.0	1	12.5	5	62.5

注：高级管理层一般包括行长、副行长、首席财务官、首席风险官、首席审计官（总稽核）、首席信息官、董事会秘书等；本表数据源于史英着、王胜春编著的《中国上市银行年报分析2014》中的“公司治理对比分析”；本表包含部分非上市银行数据信息。

附录 10：2014 年全国性商业银行董事长、行长年龄情况

表 10　董事长、行长的年龄情况

商业银行	董事长年龄	行长年龄
工商银行	60	49
农业银行	56	54
中国银行	54	54
建设银行	59	59
交通银行	57	52
中信银行	58	58
光大银行	59	50
华夏银行	60	50
平安银行	60	56
招商银行	57	49
浦发银行	59	53
兴业银行	55	59
民生银行	57	57
北京银行	61	54
南京银行	57	50
宁波银行	49	43
徽商银行	56	46
重庆银行	61	50
重庆农商	50	41

注：本表数据源于史英着、王胜春编著的《中国上市银行年报分析 2014》中的“公司治理对比分析”；本表包含部分非上市银行数据信息。

附录 11：2014 年全国性商业银行董事长、行长来源情况

表 11　董事长、行长的来源情况

商业银行	董事长来源	行长来源
工商银行	本行	本行
农业银行	其他银行	本行
中国银行	其他银行	本行
建设银行	监管部门	其他银行
交通银行	其他银行	其他银行
中信银行	本行	其他银行
光大银行	监管部门	其他银行
华夏银行	其他银行	其他银行
平安银行	本行	其他银行
招商银行	其他银行	其他银行
浦发银行	政府部门	其他银行
兴业银行	本行	本行
民生银行	其他银行	本行
北京银行	本行	本行
南京银行	本行	监管部门
宁波银行	政府部门	本行
徽商银行	政府部门	其他银行
重庆银行	政府部门	其他银行
重庆农商	本行	本行

注：本表数据源于史英着、王胜春编著的《中国上市银行年报分析 2014》中的公司治理对比分析；本表包含部分非上市银行数据信息。

附录 12：2014 年全国性商业银行董事长任职经历

表 12　董事长任职经历

商业银行	任职经历					
	基层行长	总行部门负责人	人事/办公厅	监管部门	政府	其他
工商银行	√					
农业银行	√	√		√	√	
中国银行	√	√				√
建设银行		√	√	√		
交通银行	√	√		√		
中信银行		√				√
光大银行	√			√		
华夏银行		√		√		
平安银行		√		√		√
招商银行						√
浦发银行	√				√	
兴业银行	√		√			
民生银行	√	√				√
北京银行		√		√		
南京银行				√	√	
宁波银行					√	
徽商银行					√	
重庆银行	√					√
重庆农商		√		√		

附录 13：2014 年全国性商业银行行长任职经历

表 13　行长任职经历

商业银行	任职经历					
	基层行长	总行部门负责人	人事/办公厅	监管部门	政府	其他
工商银行	√					
农业银行	√		√			
中国银行	√	√				
建设银行		√				
交通银行	√					
中信银行	√	√				
光大银行	√	√				
华夏银行						√
平安银行	√	√				
招商银行	√	√				√
浦发银行						√
兴业银行	√				√	√
民生银行		√		√		
北京银行		√	√		√	
南京银行				√		√
宁波银行		√				
徽商银行						√
重庆银行						√
重庆农商		√				

重要术语索引表

后　记

时光荏苒，博士研究生的学习生涯即将结束。回顾攻读博士学位的时光，我的每一点进步都与云南大学经济学院各位老师的辛勤培养分不开；而论文的顺利完成，更是凝结了各位师长的悉心指导和支持。在此，深深感谢！

首先，要衷心感谢的是我的导师张荐华教授。导师高尚的学者风范、严谨的治学作风、孜孜不倦的工作精神，无论在学业上还是工作中，都使我受益终身。在论文的写作过程中，从定题到提纲直至论证过程，导师无不加以悉心指导。导师的谆谆教诲，将永远铭记在心。

在论文写作的过程中，还要感谢施本植教授、郭树华教授、张林教授、蒋冠教授等老师们的授课、讲座和理论指导，为我的论文写作打下了良好的理论基础。施本植教授的建议启迪了论文创新的切入角度；郭树华教授的鼓励是我不断解决论文难题的动力；张林教授推荐的相关经济理论的著作，夯实了论文写作的理论基础；蒋冠教授对论文前沿问题的洞察，提升了论文的现实意义。感谢预答辩时，罗淳教授对论文框架的梳理和完善，张国胜教授对论文模型、参数修正的精确指导。费宇教授是我统计学的专业启蒙老师，论文的建模和实证分析，与费老师曾经的教导密不可分。在此，向他们表示诚挚的感谢！

感谢我的硕士研究生导师马骏教授，您曾经的教导引我走上了学术研究的道路。

感谢我的同窗学友们，你们给我的帮助，我们彼此间的畅谈，使我受益多多。

感谢我的父母，舐犊情深，始终关注我的成长；感谢我的先生，无怨无悔的支持我的学业。

感谢你们！唯有不懈努力，不断进步。

孔春丽
2016年3月12日